스베덴보리의
위대한 선물

스베덴보리의 위대한 선물

천재과학자의 감동적인 천국 체험기

스베덴보리 지음
스베덴보리연구회 편역

contents

스베덴보리에 보내는 역사적 인물의 찬사 010
책을 펴내며 017

제1장
천재 과학자에서 영계를 탐구하는 영능자로 023

스웨덴이 낳은 천재과학자 에마누엘 스베덴보리 025
'장님이 코끼리 만지는 격'이 되지 않기 위하여 029
스베덴보리의 역사적 드라마의 시작 034
영계로 가는 '죽음의 기술'을 습득하다 037
마음속으로 생각하면 그곳에 가 있었다 042

제2장
스베덴보리를 유명하게 만든 신기한 사건들 045

영능자로서의 스베덴보리 047
스웨덴 여왕의 면전에서 증명한 교령술 049
네덜란드 외교관 미망인 사건 053
먼 곳에서 스톡홀름의 화재를 보다 054
자기 죽는 날을 예언하다 057
왜 이렇게 사후세계를 믿기가 어려운가 060

제3장
스베덴보리가 말하는 '영생' 067

천국에서 나이를 먹는다는 것 069
천국에서 천국 부부를 만나다 072
애벌레가 허물을 벗고 나비가 되듯이 075

제4장
죽음이란 영계로 가는 이사 081

죽음이 있을 뿐 사라지는 것은 아니다 083
광대하고 변하지 않는 영원한 세계 088
인간의 수명은 하늘이 정한다 089
임종의 순간, 고통은 사라진다 091
지상생활에서의 사랑의 행적에 따라 095

제5장
스베덴보리가 경험한 천국과 지옥으로의 여행 097

천사가 인도한 천국으로의 여행 099
그곳은 사랑과 기쁨으로 이루어진 세계 108
사랑, 진리, 도덕의 왕국 109
그곳은 증오와 적의만이 남아 114
우리의 마음이 천국과 지옥과 같아 124

제6장
죽어서 제일 먼저 가는 중간영계 131

천국천사가 되느냐 지옥영인이 되느냐 133
육체를 벗고 영적인 실체로 137
땅 위에서만 용서 받을 기회가 있다 143
본연의 모습이 드러나며 겉과 속이 하나가 되다 149
진리와 사랑을 몸 안에 가진 자만이 152
천국에 들어가는 교육을 받는 곳 159

제7장
빛과 열로 이루어진 세계 165

영계에도 태양이 있다 167
영계 태양의 신비한 힘 169
영계에는 '시간과 공간'이란 개념이 없다 177
사랑의 성취도에 따라 결정되는 천계의 의식주 180
천국에는 실직자가 없다 186

제8장
천국은 꿈이 현실로 이루어지는 곳 191

누가 천국에 가는가 193
어떻게 하면 천국에 갈 수 있는가 197
믿음만으로, 지식만으로 천국에 갈 수 없다 201
천계에서 거짓과 위선은 설 자리가 없다 204
천국의 사랑은 동기가 중요하다 208

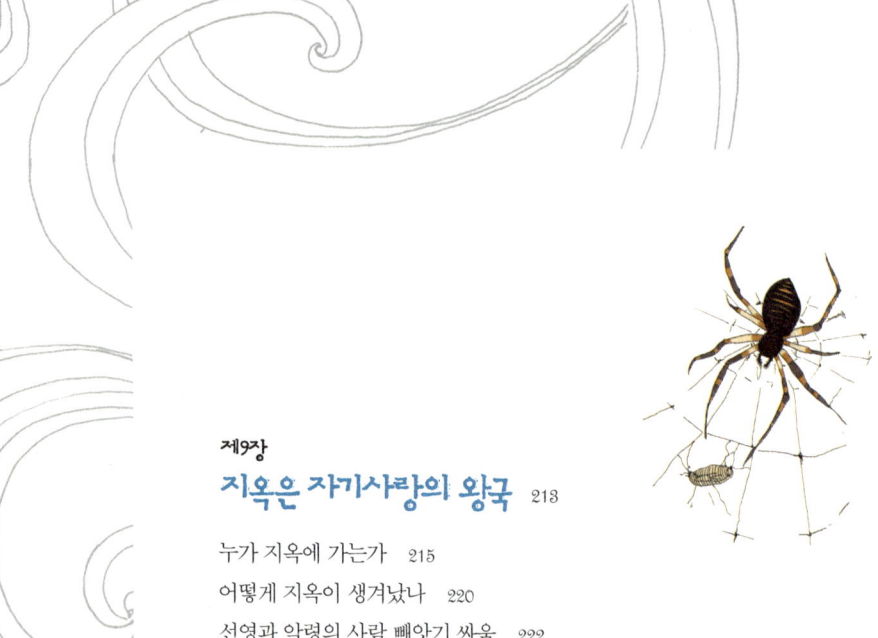

제9장
지옥은 자기사랑의 왕국 213

누가 지옥에 가는가 215
어떻게 지옥이 생겨났나 220
선영과 악령의 사람 빼앗기 싸움 222
지옥영들이 지상을 습격한다 224

제10장
자살에 대한 스베덴보리의 경고 231

자살은 영원한 고통의 시작일 뿐 233
자살하면 어떻게 되는가 236
자살은 최악의 선택, 자살자는 지박령이 된다 240
천국으로 가는 길 243
스베덴보리가 권하는 악령으로부터의 방어책 245

제11장
모든 유아는 천국으로 간다 249

천사로 육성되는 아이들 251
천국 가기는 생각보다 어렵지 않다 258
건전한 사회생활이 천국 가는 기초 261

제12장
영생, 인생의 목표를
여기에 두어라 265

창조주는 왜 인간에게 자유의지를 허락했는가 267
하늘의 뜻이 땅 위에서 이루어지길 270
자기 안에 천국을 지어라 274
스베덴보리의 여섯 가지 권고 278

에필로그 289

스베덴보리에게 보내는 역사적 인물의 찬사

† "나는 하나님으로부터 버림받은 것 같은 절망에 빠져 있었습니다. 나는 왜 이렇게 꿈도 희망도 없는 절망적인 상태의 장애인으로 살아야 하는지를 몰랐습니다. 때론 하나님을 저주하고 싶었습니다.

그러던 중에 스베덴보리의 영계탐험기를 읽고, 나는 더 이상 외롭지도 슬프지도 않았습니다. 나는 스베덴보리를 알고 나서 영원히 죽지 않고 사는 천국이 있음을 알았기 때문입니다. 그리고 내가 천국에 가면 나는 더 이상 장애인이 아닌 것도 알았습니다. 그뿐만 아니라 내가 다시 젊음으로 돌아가 영원히 살 수 있다는 것도 알았습니다. 나는 그의 저서를 읽은 후, 죽는 것이 두렵지 않게 되었습니다."

헬렌 켈러 (Helen Adams Keller 1880~1968)
미국 맹농아 저술가 / 사회복지 사업가

† 인류 역사상 스베덴보리와 같은 인물이 있으리라고는 상상조차 못했다. 또한 미래에도 그런 인물이 나타나리라고 생각하지 않으며, 그 수수께끼 같은 능력에 대해서는 놀라울 뿐이다.
에마누엘 칸트(Immanuel Kant 1724~1804)
독일철학자/저서'순수이성비판' 등

† 위대한 교양에 강인한 이지(理智)의 거성!
그는 천사의 기질을 가졌으며, 나에게는 너무도 사랑스럽고 아름다운 인간이다! 그는 인류 역사상 어떤 저작에도 찾아볼 수 없었던 진리를 명백히 했다.
스베덴보리, 당신은 세월이 흐르면 흐를수록 광채를 더해가는 영적인 태양의 하나이다.
토마스 카라일 (Thomas Carlyle 1795~1881)
19세기 영국 사상계의 거성

† 스베덴보리는 천문학적인 정확성을 가지고 일하기 위해 훈련을 쌓은 지성인이었다. 그가 만일 위대한 학자가 아니었다면 사정없이 분석하고 평가하는 여러 방면의 학자, 시인, 작가들 앞에서 꿋꿋하게 서지 못했을 것이다. 제아무리 고상한 주장을 펼쳤을지라도 여지없이 무너지고 말았을 것이다.
랄프 왈도 에머슨 (Ralph Waldo Emerson 1803~1882)
미국의 대표적 사상가/시인/작가

† "누구든지 스베덴보리를 읽지 않고 19세기 신학을 논하지 말라."
헨리 워드 비쳐 (Henry Ward Beecher 1813~1887)
미국 신학자/설교사

† 나는 모든 종교를 다 연구한 끝에, 그리고 과거 60년간 출판된 모든 저작을 다 읽고 그 연구로 모든 종교의 진위를 자신에게 물은 후에 결국 스베덴보리에게 돌아왔습니다.
스베덴보리는 의심할 여지없이 인류의 온갖 종교를 소화한 끝에 결국은 그 모든 종교를 하나의 종교로 만들었습니다.
오노레 드 발자크 (Honore de Balzac 1799~1850)
세기적 프랑스 문호

† 스베덴보리의 사상체계는 우주 전체의 진리를 포용하고 있다.
그는 내 의문 전체에 해답을 주었다.
그 질문들이 나에게 얼마나 고통을 가져다주었던가!
아! 평안을 못 가진 자들이여!
평안을 찾아 헤매는 자들이여!
스베덴보리의 저서를 손에 들어라. 그리고 읽어라!
어거스트 스트린드버그 (August Strindberg 1849~1912)
20세기 위대한 극작가

† 내 마음은 그 누구보다 보이는 것 너머의 저쪽 세계를 믿고 싶네.
나의 시와 넋을 다 쏟아 부어 내 옥죄인 자아를 펼치리라. 그리

하여 스베덴보리가 말하는 영계를 넘쳐나는 활력으로 맛보리라.
요한 볼프강 폰 괴테 (Johann Wolfgang von Goethe 1749~1832)
독일의 시인 극작가

† 스베덴보리는 북구의 아리스토텔레스요, 서양의 붓다입니다.
우리는 그의 깨달음에 귀 기울여야 합니다.
스즈키 다이세츠 (鈴木大拙 1870~1966)
20세기 일본의 대표적 불교학자 / 종교사상가

† 임상실험을 통해 내가 알아낸 것들을 스베덴보리는 이미 영적인
눈으로 보았고, 알았고, 깨달았다.
윌슨 반 듀센 (Wilson van Dusen)
임상심리학자 / 현재 하버드대학 정신치료 센터 근무

† 스베덴보리주의는 지난 세기에 해방자의 역할을 도맡았다.
스베덴보리가 일으킨 파장과 물결은 오늘날까지도 계속 번지고
있다. 그의 종교 저술들은 신학을 크게 변혁시켰다.
에드워드 에버렛 헤일 (Edward Everett Hale 1822~1909)
목사 / 작가

† 스베덴보리는 위대한 과학자이며 동시에 위대한 신비주의자였
다. 그의 생애와 저서는 나에게 무한한 감동을 실어다 준다.
칼 쿠스타프 융 (Carl Gustav Jung 1875~1961)
스위스의 심리학자 / 정신병학자

† 스웨덴의 위대한 선견자 스베덴보리는 천상의 문제에 대해 새로운 지식을 우리에게 전달해 준 아버지라고 일컬어질 만하다.

떠오르는 영적인 지식의 햇살이 처음 이 땅을 비추기 시작했을 때, 그 햇살은 보통 사람들을 비추기 전에 가장 드높게 우뚝 선 사람의 마음을 먼저 밝혀 주었다.

그 마음의 산봉우리가 바로 스베덴보리다.

아더 코난 도일 (Arthur Conan Doyle 1859~1930)
의사 / 추리소설 '셜록홈즈'의 저자

† 애꾸눈 이성의 시대에 스베덴보리는 우리 가운데 아주 보기 드물게 두 눈을 뜬 사람이었다. 영혼의 눈, 감각의 눈을 뜬 사람이었다. 그는 아인슈타인이나 에딩턴 이전에 두 세기나 앞선 과학을 발견했으나, 많은 다른 영혼의 예언자와는 달리 결코 이성을 신앙이라는 이름으로, 또 자연을 은총이라는 이름으로 폄하하지 않았다.

그에게 있어서 물질 및 영적 우주는 상응에 의해 하나로 뭉쳐 있었으며, 간격등차의 원리에 의해 끊어지지 않은 쇠사슬이 되어 있었다.

월터 홀톤 (Walter Holton), 오베린대학 철학교수

† 인간으로서의, 과학자로서의, 공복(公僕)으로서의, 또 신학자로서의 그의 빛은 지금도 환히 빛나고 있다.

에드가 알버트 게스트 (Edgar Albert Guest 1881~1959)
소설가 / 국민 시인

† 스베덴보리의 생애는 물질을 극복하는 영의 승리를 강력하게 나타냈고, 그의 교훈의 생기와 영감은 오늘날 그를 따르는 사람들의 마음에 웅변적 증거가 되어 주었다. 세상에서는 양심의 소리가 적고 죽은 듯이 무력하게 보일 때가 있는데, 이때야말로 스베덴보리 같은 특수한 영적 지도자가 필요한 것이다.

데어도어 루즈벨트 (Theodore Roosevelt 1858~1919)
미국 제26대 대통령 / 정치가

† 스베덴보리는 영웅적 인물로 태어났다. 역사에 그만큼 자연과학에 정통한 사람도 없을 것이요, 또 그만한 지식을 가지고 구름 속으로의 여행을 감행한 사람도 없을 것이다.

심령계에 대해 아주 높이 오르고 또 잘 아는 사람도 자연과학에 대해서는 아는 것이 적다. 그러나 그 시대에 스베덴보리처럼 유능한 과학자는 어디에도 없었고, 그 후에도 그만큼 하늘나라를 세밀하게 그려낸 사람이 없었다.

엘버트 허바드 (Elbert Hubbard 1856~1915)
'가르시아에의 밀서' 저자

† 아인슈타인의 물리학은 현대의 유능한 지성인도 이해하기 힘드나, 그 안에 구체화된 본질적 관념은 1734년 스베덴보리에 의해서 이미 이해되어 있다.

허버트 딩글 (Herbert Dingle 1890~1978)
대영제국왕실 과학기술대학 교수

† 나는 죽음을 바로 눈앞에 두었던 사람들의 체험과 이에 잇따라 나타나는 현상에 관한 과목을 가르치고 있다. 글 과목 중에는 스베덴보리의 생애에 대한 내용도 들어 있다. 죽음 이후에 일어나는 일들에 대한 스베덴보리의 가르침과 죽었다가 깨어난 사람들의 체험이 어쩌면 그렇게도 한 치의 어긋남이 없을까.

그를 성자라 할 것인가, 선견자라 할 것인가, 신비주의자라 할 것인가? 어느 틀에다 넣어야 할지 나는 알지 못한다. 어쩌면 그는 이들을 다 아우르는 자리에 서 있는 것이 아닐까. 그가 죽음 이후의 세계에 대해서 그렇게 많은 사실들을 이야기할 수 있었다는 것이 정말 놀랍다. 스베덴보리는 실제로 죽음 이후에 우리가 살 곳을 두루 살펴본 사람이다.

임사(임종) 체험을 한 사람이 죽음의 입구를 기웃거린 것에 지나지 않는다면, 스베덴보리는 죽음이라는 집 전체를 탐색한 것과 같다.

케네스 링 (Kenneth Ring)
철학박사 / 현재 커넥티컷 주립대학교 심리학 교수

　천재과학자 스베덴보리가 남긴 위대한 선물이란 무엇일까. 그것은 바로, 스베덴보리가 주는 영적인 선물, 인생에 절대불가결한 영적인 선물입니다. 인류의 장구한 역사를 두고 많은 성인현철들과 종교지도자들이 귀한 말씀을 남기셨지만 우리가 사는 세계는 아직도 어둡습니다. 인생은 의문투성이입니다. 사방에는 두려움과 절망뿐인 듯합니다. 인생에서 오직 확실한 것은 누구나 반드시 죽는다는 것밖에 없습니다.

　인산 가운데 이 운명을 피해간 사람은 단 한 명도 없습니다. 살아있는 생명체는 언젠가는 모두 죽습니다. 그런데 죽은 뒤에 어떻게 되는지는 아무도 모릅니다. 대부분의 사람들은 그저 생명이 끊어지면 그것으로 인생은 끝이라 생각합니다. 물론 각 종교마다 사후세계와 영생에 관한 교리가 있습니다. 그러나 종교가 없는 사람들에서부터 일생동안 독실하게 신앙생활을 하던 사람들까지, 막상 죽음을 앞두고는 죽음 이후의 세계에 대해 그저 상상만 하며 공포에 떨기 일쑤입니다. 다음 순간 무엇이 일어날지를 모르기 때문입니다. 하지만 이 책은 '사후에 영원한 세계가 있다'고 선언했습니다. 만약 이 말이 사실이라면, 거기에는 다음과 같은 전제조건이 있어야 합니다.

첫째, 죽은 뒤에 가서 사는 사후세계가 있어야 합니다.
둘째, 그 세계는 영원한 세계여야 합니다.
셋째, 지상에서 천수를 다하고 나면 늙은 노인일 텐데 사후세계에 가서는 다시 청춘으로 환원되어야 합니다.

이 모든 게 정말 가능한 이야기일까요? 죽음은 오랜 역사를 두고 공포의 대상이었습니다. 그동안 누구도 죽음 이후의 세계를 체험하고 돌아와 확실하게 말해준 사람이 없었기 때문입니다. 하지만 한 사람, 하늘의 소명을 받고 사후세계를 샅샅이 조사한 사람이 있습니다. 바로, 18세기 스웨덴의 천재과학자 에마누엘 스베덴보리Emanuel Swedenborg(1688~1772)입니다. 그는 생애의 약 30년을 지상과 영계(저승)를 마음대로 왕래하며 살았습니다. 그리고 그 체험을 과학적으로 분석하여 세상에 알렸습니다. 스베덴보리가 하늘의 소명을 받은 것은 그의 나이 57세가 되던 해였습니다. 그리고 그는 죽는 날까지 많은 사람들에게 인생에서 가장 중요한 진리를 선사했습니다. 죽음의 공포를 정복해준 것입니다. 스베덴보리의 책을 읽은 헬렌 켈러는 말했습니다.

> "나는 스베덴보리의 영계탐방기를 읽고 더 이상 외롭지도 슬프지도 않았습니다. 나는 영원히 죽지 않고 사는 천국이 있음을 알았습니다. 그리고 내가 천국에 가면 나는 더 이상 장애인이 아닌 것도 알았습니다. 그뿐만 아니라 내가 다시 젊음으로 돌아가 영원히 살 수 있음도 알았습니다. 나는 그 책을 읽은 후 죽는 것이 두렵지 않게 되었습니다."

이처럼, 사후세계의 진실을 알고 나면 죽음의 공포가 사라집니다. 죽음이 마지막이 아닌, 보다 광명한 세계에서의 탄생이라는 사실을 알게 되므로 두렵기는커녕, 이것이야말로 인생의 가장 큰 선물임을 깨닫게 됩니다.

만약 이 세상에 젊어지는 비결이 있다면 많은 사람들이 천만 금을 주고도 마다하지 않을 것입니다. 건강하게 오래 사는 것은 인간이 바라는 행복의 척도 중 하나입니다. 건강과 장수에 대한 연구는 인류 탄생 이래 끊임없이 이루어져 왔고 앞으로도 계속될 것입니다. 하지만 이 책은 '사후에 영원한 세계가 기다리고 있다'는 놀라운 희소식을 담고 있습니다. 영원히 살 수 있는 또 하나의 세계가 우리 앞에 기다리고 있다는 확신만 가질 수 있다면, 그 생애가 얼마나 기쁨으로 넘치고 활력이 샘솟는 삶이 될까요? 신은 이 축복을 사람들에게 전달하는 전령사로 스베덴보리를 지목했습니다. 스베덴보리는 책에서 자신이 맡은 소명을 이렇게 말합니다.

> "신(神)이 나에게 사후의 세계, 영계에 자유자재로 왕래하게 하신 것은 역사에 어떤 기적보다 큰 전무후무한 기적이었다. 이와 같은 기적은 인류창조 이래 그 어떠한 사람에게도 주어진 적이 없다. 태곳적 사람들이 하늘의 천사들과 대화한 예는 있으나 나와 같이 지상에 살면서 그 영적인 세계를 드나든 적은 없었다. 그런데 나는 지상에서 보고, 듣고, 만지듯이 영계에 들어가 그 세계를 자유자재로 보고, 듣고, 만지면서 영인들과 대화할 수 있었다. 이 기적을 통해

나는 천계의 놀라운 사실들을 모두 체험할 수 있었다. 이 기적으로 나는 지상과 천상에 동시에 살았으며, 영적세계의 모든 진리를 파악했다.

나는 신이 나에게 주신 사명이 무엇인지를 알았다. 내 사명은 지상인들에게 사후의 세계가 분명히 있음을 알리고, 그들이 몰라서 지옥에 떨어지는 일이 없이 모두 천국으로 들어오도록 하는 것이다."

스베덴보리의 기록은 사람들에게 남긴 최고의 선물임과 동시에 후대에게 남긴 유언과도 같은 것입니다. 우리가 오늘 우리 인생에서 고민하는 모든 문제가 그의 책을 통해 사라짐을 경험할 수 있을 것입니다.

나는 죽으면 어떻게 되는가?
사후세계가 있다면 거기에 천국과 지옥이 있는가?
천국과 지옥이 있다면 누가 천국에 가며, 누가 지옥에 가는가?
나에게 영혼이 있는가? 있다면 내 영혼은 어떻게 생겼는가?
내가 사랑하는 사람을 죽어서도 만날 수 있는가?
나의 지상생활과 사후세계는 어떤 관계가 있는가?
천국 가는 삶을 살자면 지상에서 어떻게 살아야 하는가?

이 질문들에 대한 대답이 이 한 권의 책에 모두 담겨 있습니다. 우리가 지상에서 어떻게 살아야 하는지에 대한 인생의 청사진이 담겨 있습니다. 우연이든 필연이든 이 책을 접한 독자들은 진정 인생의 축복을 받은 것입니다. 공포가 환희로 변하고, 절망이 감사로 변하며, 죽음의 날을 마치 소풍 가는 날 기다리는 아이의 마음으로 맞이하게 될 것입니다. 그리하여 행복하게 이 세상을 마감하고 새 세상에서 희망차게 탄생할 것입니다.

　스베덴보리가 남긴 이 위대한 선물을 우리 사회의 모두에게 알려야 한다는 마음으로 전력을 다해 편역에 임했습니다. 이 책을 통해 여러분이 사후세계와 영원한 생명에 대한 중요한 지식과 정보를 얻을 것이라 확신합니다. 이 책이 여러분의 삶의 질을 높이고 인생의 참 행복을 얻는 지침서가 되기 바라는 마음 간절합니다.

2009년 새해에

스베덴보리 연구회

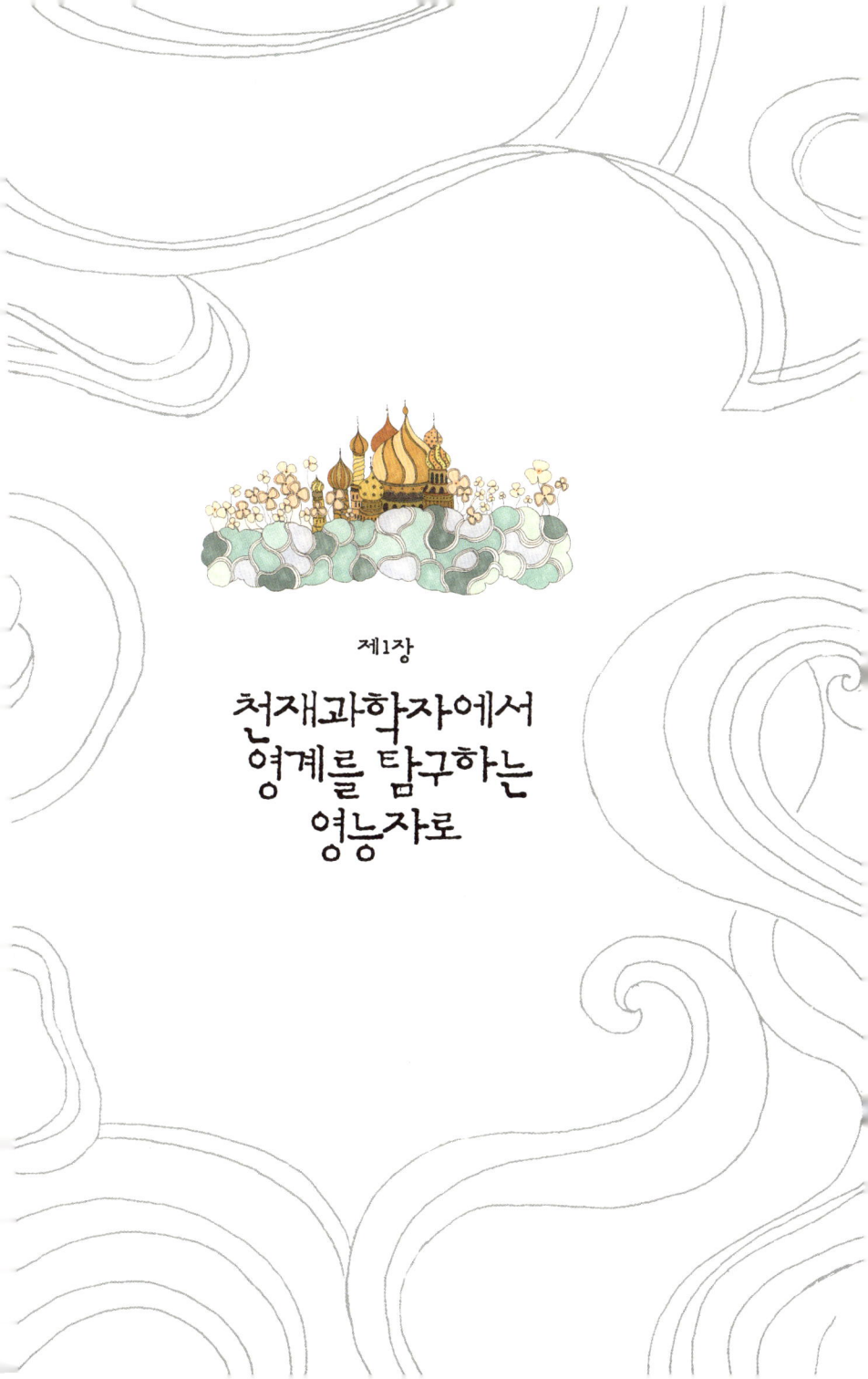

제1장

천재과학자에서 영계를 탐구하는 영능자로

스웨덴이 낳은 천재과학자
에마누엘 스베덴보리

사람은 누구나 의문을 갖는다. 사후세계가 과연 있는가. 있다면 그 세계는 어떤 세계일까. 그리고 그 세계와 나는 어떤 관계가 있을까. 지구 역사가 시작된 이래 수많은 인류가 지상에 태어났다가 죽었는데 그들은 그냥 모두 소멸되고 만 것일까. 아니면 사후세계 어느 곳에서 다시 살고 있는 것은 아닐까.

이따금 매스컴을 통해서 죽은 후에 다시 살아왔다는 사람들이 소개된다. 하지만 그들이 말하는 사후세계는 단편적일 뿐만 아니라 그 말을 전부 믿기 어려운 것이 사실이다.

그런데 여기 하늘의 특별한 소명을 받고 근 30년 동안 지상세계와 사후세계를 자유자재로 오고간 사람이 있다. 바로 스웨덴의 과학자 에마누엘 스베덴보리Emanuel Swedenborg다. 그는 영계의 감춰진 신비하고 놀라운 사실을 지상인간들에게 알리기 위해 하나님의 선택을 받은 사람이었다.

스베덴보리는 1688년 1월 29일 스웨덴의 한 목사의 둘째 아들로 태어났다. 그의 아버지는 고명한 종교지도자였다. 당시 스웨덴의 국교는 루터교(기독교의 한 종파)였는데, 스베덴보리의 아버지는 스웨덴 여왕으로부터 수도 스톡홀름에 있는 스카라 대성당 대사교(大司敎)라는 교회 최고 지위에 임명되었다.

스베덴보리는 우프사라 대학교에 재학 시, 그 마음이 온통 과학 분야에 가 있었다. 부모님은 그가 과학자가 되는 것을 반대했지만, 당시 22세였던 스베덴보리는 부모님의 반대를 무릅쓰고 대학졸업과 동시에 과학자의 길을 선택했다.

그의 아버지는 스베덴보리가 가문의 전통과 뜻을 저버리고 저속한 과학자 길에 도취한 것을 보고 크게 실망했다. 그러나 일찍이 약관의 몸으로 천재성을 유감없이 발휘한 스베덴보리는 저명한 과학자로 세상에 이름을 널리 알리게 되었다. 그리고 당시 만유인력의 법칙을 발견한 아이작 뉴턴과 같은 최고 과학자들반열에 올랐다.

스베덴보리의 천재성은 그의 우주생성에 대한 연구에서도 현저하게 나타났다. 그는 우주의 모든 창조가 우연이 아니며 반드시 우주가 있기 전에 제1원인이 있지 않으면 안 된다고 믿었다. 스베덴보리는 우주생성에는 제1원인, 곧 창조자가 있을 수밖에 없다고 인정한 최초의 과학자였다. 당시 그는 원자물리학 분야에 깊은 연구를 진행했으며, 아인슈타인 박사보다 거의 200년 전에 상대성 원리와 비슷한 논문을 발표했다. 그는 논문을 통해 '우주생성 이전엔 무한한 에너지가 있었고, 그 에너지가 우주생성의 근본이었다'라고 말했다.

그런데 1745년, 스베덴보리가 57세 되던 해, 그의 생애에 청천벽력과 같은 불가사의한 운명의 대전환이 일어났다. 영국 런던에서 진리의 계시자로 부르심을 받은 이후, 스베덴보리는 그렇게 심취해 있던 과학연구에서 한순간에 손을 떼고 말았다. 그는 놀랍게도 과학세계와는 정반대라 할 수 있는 신비세계인 영계를 탐구하는 대영능사(大靈能者)로 변신한 것이다.

그날 이후 도서관과 연구실의 책 속에 파묻혀 살던 스베덴보리는 그의 주변에 있던 과학연구와 관련된 모든 책과 자료들을 치워버렸고, 연구실 책상 위에는 오로지 성서 한 권만이 남았다.

스베덴보리가 과학계를 떠난 사실을 안 세상사람들은 몹시 애석해했다. 그의 재능을 아끼는 친구들은 과학계에서 생의 마지막 꽃을 피울 것을 권고하며 그가 과학계에 남아 있기를 고대했다.

그러나 스베덴보리는 그들에게 이렇게 말했다.

"나와 같은 과학자는 얼마든지 있을 수 있다. 그러나 내가 소명 받은 사명은 내가 아니면 아무도 할 수 없다."

그의 결심은 추호의 흔들림이 없었다.

그해 1745년부터 1772년, 그가 세상을 하직하는 84세까지 27년간 그는 사후세계를 마음대로 왕래했다. 그 영계여행은 수백 번인지 수천 번인지 또는 수만 번인지 알 수 없다.

스베덴보리는 영계탐방 후 지상으로 돌아오면 저술에 몰두했고, 27년 동안 수만 페이지 분량의 '영계저술'을 남겼다. 영계저술이란 그가 저술한 책의 이름이 아니고, 그가 기록한 영계저술 모두를 총칭하는 말이다. 책으로 하면 수십 권의 분량이 된다.

스베덴보리의 영계저술 중에 가장 널리 알려진 저서로는 『천국과 지옥』『영계 일기』『천국의 비의(秘義)』『신의 섭리』『신의 사랑과 지혜』『영혼과 육체의 교류』『참다운 기독교』『결혼애』 등이 있으며, 한 저술이 몇 권에 이르기도 한다. 예를 들면 『천국의 비의』는 총 8권이다.

'장님이 코끼리 만지는 격'이 되지 않기 위하여

은하계에 있는 한 혹성에서 지구를 탐험하고 오라고 한 외계인을 보냈다고 생각해 보자. 지구에는 방대한 땅과 가지각색의 자연 현상과 다양한 인종과 문화가 있다. 그 외계인이 하와이를 다녀갔다면 지구는 아열대로 야자수가 우거지고 먹을 것과 입을 것을 걱정하지 않아도 될 지상낙원이라고 보고할 것이다. 만일 뉴욕의 한복판을 보고 갔다면 지구는 삭막한 고층 건물로 빼곡한 도시로 비쳐질 것이다. 사하라 사막에 내렸다면 지구는 온통 모래뿐이요, 사람 살 곳이 못 되더라고 할 것이다. 만일 남극에 내렸다면 지구는 온통 얼음과 눈의 세계라고 말할 것이다. 또한 아프리카만 보고 갔다면 지구인의 피부는 모두 검다고 했을 것이고, 인도만 보고 갔다면 지구인의 종교는 모두 힌두교더라 할 것이다.

하늘은 이렇게 장님이 코끼리 만지는 격의 우를 범하지 않게 하기 위해 스베덴보리에게 특별한 섭리를 두신 것이다. 영계는 지구보다 천 배, 만 배 아니 상상조차 할 수 없는 방대한 지역이다. 아무리 총명한 스베덴보리라 하더라도 영계에 단 한 번만 다녀왔다면 그도 은하계의 외계인이 지구를 탐험한 것과 똑같은 우를 범했을 것이다.

그래서 하늘은 과학자 한 사람을 택하고, 그로 하여금 제약 없이 영계를 자유롭게 드나들고 영계의 구석구석을 마음대로 볼 수 있는 특권을 주었다. 또한 영계에서 살고 있는 각계각층의 영인들과 자유롭게 만나서 대화하도록 했다. 천사는 그를 천국으로도 안내하고 지옥의 밑창까지도 모두 보고 듣고 경험하게 했다.

스베덴보리는 지상에서 역사적으로 유명했던 명사들도 마음대로 만날 수 있었다. 예수님은 물론이고, 열두 제자와 사도바울, 교황도 여러 명 만났다. 더 놀라운 것은 수천 년 전의 태곳적 인물들, 성경에 나오는 아브라함, 모세, 다윗 왕 같은 인물들까지 모두 만났다는 것이다. 그는 그렇게 27년간 영계를 왕래하며 보고 느낀 사실적 경험을 모두 기록하고 분석하여 체계적으로 저술했다. 모두 그가 과학자였기 때문에 가능한 일이었다. 하늘의 선택이 참으로 오묘하다.

헬렌 켈러는 절망적인 중증장애인이었다. 그녀는 눈멀고 귀먹고 또 벙어리였다. 그런 그녀가 스베덴보리의 저서를 읽고 우주와 인생의 진리를 깊이 깨닫고 다음과 같이 증언했다.

"나는 하나님으로부터 버림받은 것 같은 절망 속에 있었습니다. 왜 나는 이렇게 가련한 장애인의 생애를 살아야 하는지를 몰랐습니다. 하나님을 저주하고 싶었습니다. 그런데 스베덴보리의 '영계탐험기'를 읽고 나는 더 이상 외롭지도 슬프지도 않았습니다. 나는 영원히 죽지 않고 사는 천국이 있음을 알았습니다. 그리고 내가 천국에 가면 더 이상 장애인이 아닌 것도 알았습니다. 그뿐만 아니라 내가 다시 젊음으로 돌아가 영생으로 살 수 있음도 알았습니다. 그리고 내가 지상에서 사는 동안 해야 할 일이 무엇인지를 깨달았습니다. 그것은 나의 마음과 뜻을 다하여 하나님을 사랑하고 내 이웃을 내 몸과 같이 사랑하는 것임을 알았습니다. 나는 그의 저서를 읽은 후 더이상 죽는 것이 두렵지 않게 되었습니다."

지난 200여 년 동안 스베덴보리가 남긴 영계의 진리와 증언을 통해 얼마나 많은 사람들이 천국을 알았으며, 또 그 천국에 갔을까. 수억 아니 수십 억의 인류가 헬렌 켈러와 같은 혜택을 받지 않았을까. 지난 200여 년 동안 말이다. 그리고 그 혜택은 지금도 계속되고 있다.

그가 만약에 유명한 과학자로만 남았더라면 인류에게 이런 생명의 진리를 전할 수 있었을까. 스베덴보리, 그 한 사람으로 인하여 얼마나 많은 인류가 사후세계에 천국이 기다리고 있음을 알고 편안하게 죽음을 맞이했을까. 이렇게 보면, 1745년의 스베덴보리의 운명의 대전환이 얼마나 중대한 결심이었던가에 대해 감사하지 않을 수 없다.

스베덴보리가 말년에 와서 쓴 저서의 서문을 소개한다.

"나 스베덴보리는 과거 26년 동안 내 육체를 이 세상에 둔 채 영(靈)이 되어서 인간 사후세계인 영의 세계를 출입해 왔다. 그리하여 거기에서 살고 있는 많은 영인들과 교류를 갖고 무수히 많은 것을 보고 듣고 왔다. 여기 기록한 것은 내가 그곳에서 직접 보고 듣고 체험한 것이다.

나는 안다. 나와 같은 인류 역사상 아주 희귀한 체험자의 주장을 대다수의 사람들은 믿으려 하지 않을 것이라는 것을. 그러나 나는 지금 그 일을 놓고 깊이 염려하지 않는다. 왜냐하면 사람들이 내가 남긴 저서를 읽게 되면, 내가 보고 듣고 기록한 모두가 사실인 것을 그 누구도 부인하지 않을 것이라고 확신하기 때문이다. 내 저서를 읽는 사람들은, 놀랍게도 인간의 영은 영원한 존재이며 우리가 살고 있는 이 세상과는 별도로 영계라는 또 하나의 세계가 존재한다는 것을 알게 될 것이다.

나는 내 저서들을 통해 내가 어떻게 하여 사후세계에 들어가 영인들과 마치 지상사람들과 만나 이야기하듯이 교제했으며, 무엇을 보고 들었는지, 영계와 우리 지상세계 사이에는 어떤 관계가 있는지를 확실히 말할 것이다.

내가 영계에 가서 보고 들은 것은 너무나 많고 방대하다. 그래서 내 저서는 방대한 것이 되지 않을 수 없었다. 그 방대함을 생각할 때, 내가 이 지상에 남아 있을 시간은 상대적으로 너무 짧다. 왜 그런가 하면 나는 내년(1772년) 3월 29일에 이 세상을 버리고 다시 돌아오지 않을 마지막 영계 여행을 떠나게 되어 있기 때문이다. 나는 낭비할 시간이 없다. 나는 내 갈 길을 재촉하지 않을 수 없다. 나는 바쁘다."

스베덴보리는 자신이 죽는 날을 미리 알고 있었다.

그는 죽기 전에 그가 알고 있는 교회 목사님에게 자기가 죽는 날을 편지로 예언했다. 위에서 읽은 글은 그가 죽기 1년 전에 쓴 것이다.

스베덴보리의 서문을 읽을 때, 우리는 그가 얼마나 인류를 위한 사명감에 투철했는지를 알 수 있다. 그는 또한 자기의 기록을 읽는 독자들이 자신이 말한 진리를 믿지 않을 수 없을 것이라고 확신하고 있었다. 인간은 만물의 영장이며 영적 피조물이다. 따라서 스베덴보리는 누구나 자신의 글을 읽어보면 진실인가 아닌가를 식별할 수 있으리라 믿었던 것이다.

스베덴보리의 역사적 드라마의 시작

스베덴보리의 역사적 드라마는 어떻게 시작되었을까.

1745년 어느 날, 스베덴보리에게 운명의 날이 찾아왔다. 스베덴보리는 당시 영국 런던에서 여행 중이었다. 그동안 영국 여행이 잦아 단골여관과 단골식당이 있었다. 스베덴보리는 여느 때처럼 단골식당에서 저녁식사를 하고 있었는데, 그곳에서 그 불가사의한 일이 시작되었다.

식사를 마치고 포크를 테이블 위에 놓고 일어서려는 순간이었다. 난데없이 스베덴보리가 식사를 하던 식당 쪽으로 오색찬란한 무지개가 비치더니 곧이어 태양빛의 열 배쯤 되는 강렬한 빛이 비치는 것이었다. 스베덴보리는 눈이 부셔 눈을 뜰 수도 없었고, 기절할 정도로 놀라 정신이 없었다. 그러던 잠시 후, 그 빛 가운데서 금빛 찬란한 흰색 로브(길고 헐거운 겉옷으로 예복, 관복, 법복으로 쓰임)를 입은 한 인물이 빛을 발하며 모습을 드러냈다. 스베덴보리가 한 번도 본 적이 없는 신비한 느낌의 인물이었다.

그가 입을 열었다.

"그대여!"

그 한마디를 남기고 그는 거짓말처럼 사라지고 말았다. 그가 사라진 뒤로도 식당 안엔 구름과 안개가 자욱했고, 스베덴보리는 그 안개 속에 휩싸여 있었다. 그리고 잠시 후 언제 그랬냐는 듯이 구름과 안개가 사라지고 스베덴보리는 무엇에 홀린 사람처럼 멍하니 식당에 혼자 서 있었다.

스베덴보리는 가까스로 정신을 차리고 황급히 여관방으로 돌아왔다. 방으로 돌아온 그는 조금 전 식당에서 있었던 기이한 경험을 떠올렸다. '내가 헛것을 볼 정도로 몸이 안 좋은가?' 하고 생각해 봤으나, 분명 자신이 본 것이 헛것이 아니라는 것을 스베덴보리는 잘 알고 있었다. 고심하던 그는 곧 잠이 들었다. 그 다음 날 저녁에 더 놀라운 일이 일어날 것이라는 상상도 못한 채 말이다.

그 다음 날 밤, 스베덴보리가 잠을 자기 위해 침대에 막 누우려고 할 때였다. 방 안으로 전날 식당에서처럼 갑자기 환한 빛이 비쳐 대낮같이 밝아지더니, 어제 봤던 그 신비한 인물이 또다시 나타나 침대 옆으로 다가왔다. 놀란 스베덴보리는 몸을 떨었다. 그런데 그 신비로운 인물은 준엄한 어조로 스베덴보리에게 다음과 같이 말하는 것이었다.

"놀라지 마시오! 나는 하나님이 보내신 사자(使者)입니다. 나는 그대에게 사명을 부여하러 왔습니다. 나는 그대를 사후세계인 '영의 세계'로 안내할 것입니다. 그대는 그곳에 가서 거기 있는 영인들과 교류하고, 그 세계에서 보고 듣는 모든 것을 그대로 기록하여 이 지상 사람들에게 낱낱이 전하시오. 그대는 이 소명을 소홀히 생각하지 마시오!"

이 말을 남기고 신비의 인물은 다시 사라졌다.

스베덴보리는 그날 이후 그를 다시는 본 적이 없다. 지상에서는 물론이고 그렇게 많이 드나들었던 영계에서도 두 번 다시 만나지 못했다. 그러나 그로부터 스베덴보리의 생활과 환경은 급격히 달라지기 시작했다.

이 불가사의한 인물을 만난 이후로 그에게 영계의 문이 활짝 열렸다. 영안을 뜨게 된 것이다. 또 영계를 마음대로 드나드는 신비한 능력을 부여받았다. 그 능력으로 그는 영계를 마치 자기 집과 같이 드나들게 되었다.

그리고 스베덴보리는 그 불가사의한 인물로부터 소명을 받은 대로 영계에서 보고 들은 모든 체험을 낱낱이 기록하기 시작했다. 이것이 그의 '영계저술'의 출발이었다. 그는 어떤 위대한 힘, 즉 창조주의 소명을 받았음을 추호도 의심치 않게 되었다.

영계로 가는 '죽음의 기술'을 습득하다

스베덴보리는 자신이 영계에 드나드는 기술 또는 능력을 '죽음의 기술'이라 이름 붙였다. 이 능력은 지상에 그의 육체를 죽은 상태로 놔두고, 영적인 몸 곧 영체(靈體)를 육신으로부터 분리시키는 것이다. 그리하여 죽은 사람처럼 영인이 되어, 완벽한 영체로 영계에 가는 것이다.

보통 사람들도 이 '죽음의 기술'을 한 번 경험한다. 그것은 바로 임종 때이다. 죽는다는 것은 자신의 영체가 육신으로부터 분리되는 것을 말한다. 그리고 분리된 육신은 땅에 묻혀 흙으로 돌아간다. 그러나 그렇다고 그가 죽은 것은 아니다. 참 생명은 모두 영체 쪽에 실려 있기 때문이다. 분리된 영체는 천사의 안내를 받아 영계로 들어가게 된다.

하지만 하늘에서 스베덴보리에게 내려준 특별한 능력은 영체가 자기 육신으로부터 분리되더라도 그 육체는 죽지도 썩지도 않고 생리기능을 계속하도록 했다. 그러다가 영체가 영계에서 돌아와 육체 속에 들어가면 다시 평소처럼 지상에서의 인간생활을 하게 되는 것이 보통 사람들의 임종과 달랐다.

육신은 영체가 입고 있는 의복과 같다. 벗었을 때는 영인이요, 육신을 입으면 인간이 되는 것이다. 그가 하늘의 특별한 권한을 부여받지 않고서야 어떻게 장장 27년간 이 일을 계속했겠는가.

그는 27년 동안 자신의 육체를 입었다 벗었다 하면서 인류에 대한 사명을 수행했던 것이다. 이렇게 육신을 벗고 영계에 들어가면 그는 거기 거주하는 영인들과 똑같았다. 영계에서는 그가 죽어서 영계로 들어온 사람으로 인식한다. 그래서 그는 땅 위에 살면서 지상의 시민권과 영계의 시민권을 동시에 가지고 두 세계를 오가며 산 유일한 사람이다.

육체로부터 영이 분리되는 것을 체외이탈(體外離脫)이라고

한다. 모든 인간은 지상에서 천수를 다하고 운명할 때 딱 한 번 체외이탈을 경험한다. 영이 육체를 이탈하면 그것이 임종이며, 그 영체는 영원히 다시는 자기 육체에 돌아갈 수 없게 된다. 그것이 우리들이 말하는 사망이다. 하지만 죽는 것은 오직 육체뿐이다. 진짜 자신은 영원히 죽지 않는다. 다만 지상을 떠나 영계에 가서 영주하는 것뿐이다.

그렇다면 영체는 과연 무엇일까. 우리가 '나'라고 하는 것은 사실은 '영체'를 말하는 것이다. 육신에는 생명이 없다. 육신은 영체의 그릇이요, 도구일 뿐이다. 지금 땅 위에 사는 모든 인간들은 자신들이 육신으로 살고 있다고 생각하지만 사실 육신을 살게 하는 주인은 그 육신 안에 거하는 영체이다.

과연 영체는 어떻게 생겼을까. 옷을 벗어 알몸이 되었다고 자신의 모습과 오관과 사고와 의식에 변화가 있는가. 옷을 입었을 때나 벗었을 때나 '나'는 똑같은 사람인 것이다. 이 생각을 발전시켜서 내가 입고 있는 옷이 육체라고 생각해 보자. 육체는 자기 영체의 옷이다. 그 옷을 벗었다고 내가 달라질까. 영체야말로 바로 자신이며 옷을 벗어도 완전한 인간이다. 다만 자연계에서 영계로 거처를 옮겨 사는 것뿐이다. 영체가 육체를 떠나면 세상에서는 죽었다고 하지만 사실은 죽은 것도 아니요, 달라진 것도 아니다.

그 얼굴, 그 오관, 눈, 귀, 코, 입 그리고 감각, 뛰는 심장, 호흡하는 폐, 움직이는 손과 발…… 전부 그대로이다. 더 중요한 것은 기억력, 감정, 사고력, 의식, 의지조차도 하나도 변함이 없다는 것이다. 다만 육신을 입고 있을 때는 육신이 물질이기 때문에 영체에 부담이 된다. 물질이 아니라 영적 재료로 만들어진 영체는 육신보다 더 완벽하다. 육체를 벗음으로써 두뇌는 수십 배 더 명석해지고, 오관은 육신으로 있을 때보다 훨씬 더 정확하고 예민해진다. 그리고 육신이 없는 영체는 영적 능력을 행사한다. 영체는 시간과 공간을 느끼지 않는다. 영체의 이동 속도는 빛의 속도보다 빠른 생각의 속도이다. 그래서 수천억 만 리 멀리 있는 영계도 생각의 속도로 이동하고 왕래한다.

영인들의 대화는 생각의 대화이다. 상대방이 무엇을 생각하면 서로 그 생각을 읽는다. 이것을 '상념(想念)의 대화' 또는 '텔레파시'라고 한다. 스베덴보리는 영계에 들어가면 그곳에 있는 태곳적 사람들과는 물론 세계 각지에서 온 모든 영인들과 언어의 장벽 없이 자유자재로 대화할 수 있었다.

마음속으로 생각하면
그곳에 가 있었다

스베덴보리는 맨 처음 영계로 들어갈 때의 경험을 다음과 같이 말했다.

"나는 내 육신으로부터 내 의지를 가지고 이탈했다. 그 순간, 내 영체는 내 육신이 누워 있는 침대 위 천장에서 육신을 내려다보고 있었다. 그때 내 육신은 죽은 사람과도 같았다. 그리고 내 영체는 지붕을 뚫고 하늘 위로 솟아올랐다.

모든 물질적 사물, 예를 들면 문이나 벽, 천장, 지붕 등 설사 그것이 돌이나 강철이라 할지라도 내 영체는 자유자재로 그 사물을 통과해 갔다. 아무것도 파괴하지 않고 지붕 위 20~30미터 상공에서 내 육체를 내려다보니, 내 목이 침대의 머리 쪽에 너무 닿아 있어서 목이 구부러져 있었다.

'저렇게 누워 있다가는 내가 돌아올 때까지 목이 졸려 질식할 수도 있겠는걸!' 하고 생각하는 순간, 내 육신은 침대 위에 바로 뉘어졌다. 이것은 내 육신의 의지로 된 것이 아니라 내 영체의 의지로 육신을 움직인 것이었다. 영인이 되면 생각은 곧 힘이었다.

그 다음 내 영체는 천국에서 온 안내영인을 따라 영계의 원하는 곳으로 비상했다. 나는 순간적으로 가고 싶은 곳에 가 있었다. 내가 마음속으로 생각하면, 벌써 나는 그곳에 가 있는 것이었다. 나는 천국뿐만 아니라 지옥에도 많이 드나들었다. 그 모든 내용이 이 책 안에 있다. 그러나 지옥에 가면 악령들이 나를 해치려고 했다. 그래서 내 곁에는 항상 나를 안내하는 영인뿐만 아니라 나를 보호하는 '수호령'이 따라다녔다. 나는 이런 선영들의 보호가 없었더라면 27년간 내 사명을 다하지 못했을 것이다."

스베덴보리는 덧붙여 자신의 체험을 읽기에 앞서 다음의 원칙을 머리와 가슴에 새겨야 한다고 강조했다. 이것들은 절대 진리이며, 이 절대 진리를 알고 나서야 그가 전하고자 하는 바를 이해할 수 있기 때문이다.

첫째, 영계는 존재할 뿐만 아니라 창조주께서 창조하신 것이다. 태초부터 지구에 왔다 간 모든 사람은 단 한 사람도 소멸되지 않고 모두 영계에서 살고 있다.

둘째, 사람의 몸은 사실은 둘이다. 하나는 육신이요, 하나는 영체이다. 땅 위에서는 육신 속에 영체가 거주하고 있으며, 생명은 모두 영체 쪽에 있다. 육신은 영체의 도구일 뿐이다.

셋째, 사람이 지상에서 죽으면 자연히 영체는 육신으로부터 분리된다. 그것을 '체외이탈'이라고 하며, 세상에서는 사망이라 말한다. 그러나 사람은 결코 죽지 않는다. 죽는 것은 육신뿐이요, 영체는 영계로 이동해 영생하게 된다. 이 천리법도는 아무도 어길 수 없다.

제2장

스베덴보리를
유명하게 만든
신기한 사건들

영능자로서의 스베덴보리

앞서 스베덴보리를 소개할 때, 그는 18세기 유럽에 명성을 떨친 천재과학자였다고 했다. 1745년 운명의 대변신이 있을 때까지, 그는 만유인력의 제창자 아이작 뉴턴과 교류했고, 20개 과학 분야에 정통했으며, 약 150권의 과학 저서와 논문을 발표했다. 그러던 스베덴보리가 뜻밖에 하늘의 소명을 받은 것이다.

    그는 영계에 드나들며 신기한 영계의 진리를 체험하고서는 일체 과학계와의 관계를 끊었다. 그것을 보고 유럽의 과학계는 애석해했고 스베덴보리는 죽었다고 애도하기까지 했으며, 그의 천재적 재능을 지극히 아끼던 일부 동료들은 분노하며 그를 미치광이 취급하기도 했다.

스베덴보리는 거듭 말했다.

"나와 같은 과학자는 얼마든지 또 있을 수 있다. 그런데 영계의 진리를 알고 보니 이는 학문이 아니라 인류의 영원한 생명이 걸린 문제이다. 내가 전하는 영계의 진리에는 인간이 사후 천국에 가느냐, 지옥에 가느냐가 달려 있다. 이 특별한 소명은 내가 과학자로 공헌하는 것보다 수천, 수만 배 더 중요하다. 그리고 나 외에는 이 사명을 감당할 사람이 없다. 나는 모든 과학의 시조이기도 한 창조주로부터 소명을 받은 것이다. 내 영계저술은 앞으로 수억, 나아가서 수십억 세계 인류를 천계에 들어가게 하는 데 결정적 도움을 줄 것이다. 나는 궁극의 우주 진리를 보았다. 그리고 내 몸으로 직접 체험했다. 누구든지 읽어보면 내가 소설을 쓴 것이 아님을 알 것이다."

의미심장한 고백이었다. 스베덴보리가 『천국과 지옥』이라는 저서를 출간한 것은 1758년이었고, 그가 영계교류를 시작한 지 13년 되던 해였다. 그때는 이미 영계, 곧 천계와 지옥 그리고 중간영계의 핵심 진리를 모두 파악한 뒤였다.

그 내용이 너무도 파격적이고 놀라워서 그는 이 책을 런던에서 익명으로 출판해야 했다. 그 후 이 책으로 인해 스베덴보리는 유럽에서 과학자로서보다 영능자로 더 알려졌다.

이제부터 출판 이후 그가 세상에 널리 알려지게 된 네 가지의 사건을 소개하려 한다.

스웨덴 여왕의 면전에서 증명한 교령술

한번은 스베덴보리가 모국 스웨덴의 여왕으로부터 초대를 받았다. 그는 스웨덴 귀족이요, 또 스웨덴 의회 상원의원이었기 때문에 가끔 여왕의 행사에 초청을 받았다. 하지만 이날 여왕이 그를 초청한 것은 문무백관들 앞에서 그의 교령술(交靈術)을 시험해 보기 위해서였다.

행사장에 들어가 보니 여왕을 중심으로 문무백관이 모두 스베덴보리를 주목하고 있었다. 그런데 그들의 눈빛은 매우 회의적이었다.

여왕은 두 가지 목적으로 이 모임을 소집했다. 하나는 유럽을 떠들썩하게 만든 스베덴보리의 영능을 시험해 보기 위함이요, 또 하나는 고인이 된 한 장군의 유덕을 충신들 앞에서 스베덴보리의 입을 통해 치하하고 싶어서였다.

여왕은 고인이 된 한 장군의 이름을 대면서 그 장군을 알고 있느냐고 물었다. 그러나 스베덴보리는 그런 장군이 있다는 사실조차 모르고 있었다.

여왕은 그 장군의 이름을 써주면서 명령했다.

"장군은 그가 죽은 후에 나에게 한 통의 유서를 보내왔소. 그가 유서를 남긴 것은 오늘날까지 아무도 모르는 사실이오. 유서의 내용은 물론, 그 유서가 내 손에 있다는 것도 아는 사람이 없소. 내가 유서를 공표하지 않은 것은 그 유서 안에 거명된 인물이 아직 살아 있고, 동시에 고인이 그 유서를 공표하지 말 것을 부탁했기 때문이오. 그런데 이제 그 유서 속의 관계자가 모두 타계하고 시간이 10년 이상 흘렀으니 그 유서를 여기 문무백관 앞에 공표하려 하오. 그러니 스베덴보리 경이 영계에 가서 고인의 영을 만나 유서의 내용을 듣고 그대의 입으로 여기 문무백관들에게 공표하시오."

스베덴보리는 여왕의 명에 따라 문무백관이 지켜보는 앞에서 소파에 누워 이제 숙달될 대로 숙달된 '죽음의 기술'로 육체를 떠났다. 그러나 장군의 이름만 가지고는 부족해 영계에 들어가기 전에 더 구체적 정보를 얻기 위해서 우선 여왕의 영 속에 들어갔다. 여왕이 알고 있는 그 장군의 내력을 모두 알아내기 위함이었는데, 여왕은 자기 영 속에서 스베덴보리가 정보를 탐색하고 있는 줄은 꿈에도 몰랐다.

스베덴보리가 정보를 가지고 영계에 들어가 장군을 찾아보니 여왕을 통해 알아낸 모습과 맞아떨어졌다. 스베덴보리는 그 장군의 영을 향하여 상념의 대화를 시도했다.

스베덴보리는 그에게 물었다.

"그대가 장군 누구누구 아니신가요?"

장군은 맞다고 고개를 끄덕였다. 스베덴보리는 유서 문제를 끄집어냈다. 천계에 들어가 세월이 흐르면 지상의 기억은 차차 소멸되어 희미해진다. 그는 한참 동안이나 옛 기억을 더듬어 당시의 일을 기억해내 정확한 답을 해주었다. 유서는 격전장에 있었던 자신과 부하의 무용담이었다. 그리고 용감했던 부하를 국가에서 보훈해 달라는 내용이었다.

스베덴보리는 곧 자기 육신으로 돌아왔다. 모두가 숨을 죽이고 그를 지켜보고 있었다. 궁중 회의장은 초긴장으로 숨이 막힐 정도였다. 스베덴보리는 성숭하게 여왕 앞으로 나아가 장군의 유서 내용을 말했다. 스베덴보리의 말을 들은 여왕은 깜짝 놀랐다.

"스베덴보리 경, 놀라운 사실을 밝혔소이다. 수고하셨소. 과연 그대는 스웨덴의 자랑이요. 자, 이제는 이 장군의 유서를 낭독하시오."

스베덴보리는 여왕에게 건네받은 그 유서를 큰 소리로 낭독했다. 그 자리에 있던 문무백관들 모두가 탄성을 질렀다. 유서는 스베덴보리가 먼저 말한 내용과 한 치의 오차도 없이 일치했다. 그 순간 그는 스웨덴의 신인(神人)처럼 보였다.

여왕은 문무백관들 앞에 장군의 유서는 오늘 처음 공표되었지만 고인이 된 장군이 상신한 내용은 이미 다 처리했다고 말했다.

스베덴보리는 여왕에게 천계에서 보고 온 장군에 대해 말했다.

"장군은 지금 좋은 곳에 살고 계십니다. 제가 잘한 것은 아무것도 없습니다. 저는 다만 장군을 만나서 묻고 들은 것을 가져왔을 뿐입니다. 이 모든 것이 초능력이나 마술 따위는 아니니 오해 없으시길 바랍니다."

여왕은 스베덴보리를 치하했고, 문무백관의 박수갈채 속에 그는 궁전을 나왔다. 이 기상천외한 사건은 금세 날개가 달린 것처럼 전 유럽에 퍼졌다.

네덜란드 외교관 미망인 사건

한번은 네덜란드 대사의 미망인으로부터 간곡한 부탁을 받았다. 그 대사 부인은 아주 커다란 곤경에 처해 있었다. 그녀의 남편은 1761년 스웨덴에 임명된 네덜란드 대사로, 스톡홀름에서 근무했다. 그리고 그는 스웨덴 근무를 마치고 고국으로 돌아가서 얼마 되지 않아 사망했다. 그런데 하루는 미망인에게 보석상에서 한 통의 지불청구서가 날아온 것이다. 남편이 생전에 아내에게 선물해 준 고급 반지와 목걸이에 대해 대금을 지불하지 않았으니 그 값을 지불하라는 내용의 청구서였다.

미망인은 깜짝 놀랐다. 자기 남편은 절대 외상으로 물건을 사는 사람이 아닌 것을 알고 집 안을 몇 번이나 뒤졌으나 어디서도 영수증을 찾을 수가 없었다. 그래서 스웨덴에 있을 때 그 명성을 들은 바 있는 스베덴보리에게 남편을 만나 영수증의 소재를 알려 주기를 간청했다.

이 사정을 듣고 스베덴보리는 그 정황이 너무 딱해 영계에 들어가 미망인의 남편을 만나 영수증의 소재를 물어봤다. 그리고 돌아와서 미망인에게 침실에 있는 옷장 몇 번째 서랍 속에 그 영수증이 있다고 전했다. 그 말을 들은 미망인은 크게 실망하면서, 그 서랍은 이미 여러 번 뒤져 봤으나 영수증은 없었다고 대답했다.

스베덴보리가 말했다.

"당신 남편은 그 서랍을 이중으로 만들었다고 합니다. 그러니 서랍의 밑을 뜯어보십시오."

미망인이 그 말대로 서랍을 뜯어보니 서랍 밑에 또 한 층의 바닥이 있었고, 그곳에는 귀중한 문서가 모두 들어 있었다. 물론 미망인이 그토록 찾고자 했던 영수증도 그곳에 보관되어 있었다.

먼 곳에서 스톡홀름의 화재를 보다

한번은 스베덴보리가 회의 참석 차 스웨덴의 서부도시 '고덴버그'로 출장을 갔다. 그날 밤은 친구의 집에서 묵고 다음 날 친구와 같이 회의에 참석하기로 되어 있었다. 그런데 그날 친구의 집에 도착해 점심을 먹고 있는데 이상하게 그가 의도하지도 않았는데 입신상태에 들어갔다. 그 말은, 다른 때는 그가 의식적으로 해야만 죽음의 기술이 시술되는데 그날따라 자연히 그 상태에 들어갔다는 뜻이다.

친구는 스베덴보리가 갑자기 창백해지더니 맥이 풀리는 것을 보고 먼 여행에 너무 피곤했나 보다 생각하고 그를 침대 위에 눕혔다. 그런데 스베덴보리가 입신상태로 침대에 누우면서 큰소리로 외치는 것이었다.

"화재다! 화재! 큰 화재가 스톡홀름에……."

그 순간 스베덴보리의 영체는 자기 육신으로부터 분리되어 상공을 날고 있었다. 그는 순간적으로 스톡홀름의 화재 현장에 도착했다. 화재는 도시의 서부에서 일어나 때마침 불어오는 강풍에 손쓸 사이도 없이 동쪽으로, 동쪽으로 퍼져가고 있었다. 도시는 순식간에 화염 속에 휩싸였다.

사람들이 불길에 휩싸여 우왕좌왕하고 도시는 아수라장이 되었다. 불길이 점차 스베덴보리 집 쪽으로 번져가고 있었다. 스베덴보리는 '오늘 내 집이 재가 되는구나' 하는 안타까움에 발을 구르고 있는데, 언제 나타났는지 천사들이 보이는 것이었다. 다음 순간, 바람의 방향이 90도 바뀌기 시작했다. 그리고 바람이 점점 약해졌다. 그렇게 얼마가 지났을까. 금새 불길이 잡혔다. 그 불길은 스베덴보리의 집에서 세 번째 집 앞에서 멈추었다.

스베덴보리는 육신으로 돌아왔다.

"자네, 아무 일 없는 거야?"

걱정하고 있던 친구가 물었다. 그러자 스베덴보리는 긴 한숨을 내쉬며 말했다.

"스톡홀름의 큰 불이 이제 꺼졌어. 우리 집 앞 세 번째에서 멈췄어. 내 집도 다 타는 줄 알고 걱정했지. 이젠 안심해도 돼."

친구는 스베덴보리의 말에 깜짝 놀라서 그 길로 고덴버그 시장에게 달려가 수도 스톡홀름의 화재에 대해 보고했다. 그러자 시장은 곧 사람을 수도로 파송하여 조사시켰다. 지금으로부터 약 250년 전 텔레비전은 고사하고 전화나 라디오조차 없던 시절이었다.

마차를 타고 수도에 갔다 온 사람이 시장에게 보고를 했는데, 스베덴보리가 화재를 목격한 시간에 정말로 화재가 서부에서 일어나 강풍과 더불어 도시 동쪽으로 번지다가 스베덴보리 저택 앞 세 번째 집에서 진화되었다고 했다.

이 사건은 곧바로 전 유럽에 알려졌고, 스베덴보리의 저서는 날개 돋힌 듯이 팔려나갔다. 그리고 위에 설명한 신기한 사건들과 더불어 스베덴보리는 과학자로서보다 영능자로 더 세상에 더 알려지기 시작했다. 그와 동시대 사람인 독일의 철학자 칸트는 저서에서 이 화재 사건을 스베덴보리의 초능력을 증거하는 실례로 인용하기도 했다.

그후 스베덴보리는 일약 유명인사가 되어 많은 사람들의 운명을 바꾸는 데 공헌했다. 다만 일부 기독교의 지도자로부터는 신랄한 비난을 받았는데, 그가 천계에 가보니 교회에서 가르치는 몇 가지 교리가 진리에서 멀리 떨어져 있다고 증거했기 때문이었다.

자기 죽는 날을 예언하다

스베덴보리의 생애에 가장 큰 사건이면서 신기한 일이 하나 더 있다. 그것은 그가 죽기 전에 이미 자기가 죽는 날짜를 예언한 것이다. 그가 자신이 죽는 날이라고 예언한 날짜는 1772년 3월 29일이었다. 그 날짜에 그는 런던에 있었는데, 예언대로 그날 타계했다. 그로부터 백 년 후 그의 유체는 왕의 명령으로 조국 스웨덴으로 운구되었고, 성대한 장례식을 다시 치른 뒤 수도 스톡홀름 웁살라 대성당 안에 안치되었다.

그런데 또 하나 신기한 것은 자신의 죽는 날을 예언한 방법이었다. 그는 가족이나 친구에게 전한 것이 아니라 한 번도 만난 적이 없는, 전혀 모르는 존 웨슬리라는 목사에게 편지로 예언했다. 그런데 그 방법이 그의 교령술을 증거하는 또 하나의 수단이 된 것이다.

스베덴보리는 웨슬리 목사에게 다음과 같이 편지를 썼다.

"존경하는 웨슬리 목사! 나는 당신이 나를 만나기를 희망한다는 것을 알고 있습니다. 그래서 당신께 통고하는 바인데 나는 1772년 3월 29일에 이 세상을 하직하고 영계로 가게 될 것이 이미 결정되었음을 알려드리는 바입니다. 그 이전이면 언제든지 당신을 만나겠습니다. 존경을 표하며……."

그랬더니 웨슬리 목사로부터 놀라운 답장이 왔다.

"존경하는 스베덴보리 경! 나는 유명한 영능자로 고명한 당신의 이름을 일찍이 알고 있었습니다. 당신의 편지를 받고 너무 놀라 그 편지를 친구들이 보는 앞에서 개봉했습니다. 그런데 나와 한 번도 면식이 없는 당신이 내가 당신을 만나기를 희망한다는 것을 어떻게 아셨는지요? 나와 친구 모두가 깜짝 놀라고 신기해했습니다. 당신은 정말 놀라운 분이십니다. 존경을 표하며……."

스베덴보리는 이렇게 설명했다.

"나는 물론 영적으로 그의 영과 교신하여 알게 된 것입니다. 그러나 영인들과의 교신보다 지상의 생존자와의 교신은 더 어렵습니다. 어쨌든 웨슬리 목사의 답장으로 나의 교령술이 진실이었음이 증명된 것입니다."

그는 계속해서 이렇게 끝을 맺었다.

"내가 이 세상에 남길 것은 이 세상에서 사명을 다한 내 육신과 내가 집필한 저술이 있을 뿐입니다. 내가 웨슬리 목사에게 밝힌 나의 명일에 대한 예언은 1772년 3월 29일이 지나면 그것이 진실인 것을 세상이 또 알게 될 것입니다."

이로써 스베덴보리는 인간의 수명은 친계에서 정한다는 사실을 두 번이나 실증해 보인 것이다.

왜 이렇게 사후세계를
믿기가 어려운가

스베덴보리는 다년간 영계를 체험하면서 천계에 거주하는 많은 천사들과 교류했다. 스베덴보리가 천계에 대해 궁금한 것 못지않게 천국천사들 또한 지상의 여러 가지를 궁금해하면서 질문했다고 한다. 그럴 때마다 천계의 천사들이 가장 놀라는 것은 지상인들이 영계 전반에 대해 너무 무지하다는 것이었다.

스베덴보리는 천사에게 대답했다.

"사후의 생에 대해 알고 있으나 없으나 모두 마찬가지입니다. 알고 있다고 하는 자들도 인간이 죽은 뒤에는 인간이 아니고 영혼이라고 말합니다. 그 영혼은 영으로 살아 있다고 생각하고, 영이라면 공기나 바람, 에텔 같은 기체라고 생각합니다. 그리고 육신은 썩어 흙이 되었다가 주님이 오시는 날에 다시 한 번 기적적으로 피와 살이 되어 인간으로 부활한다고 생각합니다."

이 말을 들은 천사들은 기절할 정도로 놀랐다.

"아니, 스베덴보리 씨! 지금 우리가 바람입니까? 공기입니까? 우리가 기체란 말입니까? 이렇게 완벽한 몸을 가지고 빛을 발하며 살고 있는데 우리가 기체라고요? 이렇게 완벽한 인간 천사로 살고 있는데……."

스베덴보리는 너무도 당연한 진리를 지상에서는 그렇게도 모르고 있다는 사실이 큰 슬픔으로 밀려왔다. 그러자 천사들이 스베덴보리에게 물었다.

"스베덴보리 씨, 왜 그렇게 슬픈 표정을 하십니까?"

스베덴보리는 독백하듯 말했다.

"창조주 하나님과 주님께서는 천계의 비의(秘義)를 낱낱이 저에게 계시해 주셨습니다. 주님이 계시해 주신 진리는 지금까지 지상에 알려진 어떤 진리보다도 중요하고 명확한 것임에도 불구하고 지상에서는 그 가치를 인정하지 않고 있습니다. 나는 주님께서 인류를 위해 내려준 하늘과 같은 은혜를 제대로 지상에 선포하지 못한 것 같아 죄송스러운 마음에 하염없이 눈물이 쏟아집니다. 지상인들은 그저 기적을 요구합니다. 기적을 보이면 믿겠다고 합니다."

이 말을 들은 원로 천사가 위로해 주었다.

"기적이요? 스베덴보리 씨, 당신이 주님으로부터 받은 진리가 모두 기적입니다. 그 진리를 믿지 못하는 사람들은 모세가 이집트에서 홍해를 갈라도 믿지 못하고, 예수님이 세상에 있을 때 행한 기적을 보고도 믿지 못할 사람들입니다. 염려하지 마십시오. 주님께서는 지상의 인간들을 천계에 끌어올리려고 지상인간인 당신을 천계로 불러 엄청난 진리를 계시했습니다. 또한 당신은 주님의 말씀을 당신의 과학적인 지혜와 분석으로 명확하게 저술해 놓았습니다. 빛이 땅 위에 비추고 있습니다. 그것이 기적 중의 기적이요, 그 기적은 열매를 맺을 것입니다. 창조주 하나님과 주님께서는 절대로 낙담하는 분이 아니십니다. 우리 앞엔 영원이라는 시간이 있습니다. 세상을 바꾸는 가장 위대한 방법은 지상인들에게 영계 곧 사후세계가 있다는 것을 알리는 것입니다. 이 사실을 알고도 바뀌지 않을 사람은 없습니다. 진리는 지상에 선포되었습니다. 당신은 큰일을 하셨습니다. 전 천계를 대표하여 우리는 당신께 감사합니다."

사람들이 사후세계, 사후의 생명을 믿기 어려운 이유는, 솔직하게 대답하면 다음과 같다.

"우리가 너무 똑똑해서 그렇다."

천진무구 그리고 순수성이 지상에서 사라져가고 있다. '자기 꾀에 넘어간다'는 격언이 있다. 사람들은 "나는 절대로 누구한테도 안 넘어가!" 이렇게 호언장담하지만 사실은 자기 꾀에 넘어간다. 이것이 오늘날 현대인들이 앓고 있는 병이다.

현대인은 '영계'하면 과학을 들먹거린다.

"영계? 사후세계? 그것은 과학적으로 증명이 안 되잖아. 어디 있다는 증거가 있어? 너 지금이 어느 때인지 아니? 우리는 지금 디지털 시대에 살고 있어. 인간도 복제하는 시대인 줄 몰라? 과학이 우주의 모든 비밀을 다 파헤치고 있어. 그런 미신 같은 소리 그만둬!"

이런 식으로 말하면서 아주 현명하고 똑똑한 현대인임을 자처한다.

천재적인 과학자 스베덴보리가 한 유명한 말이 있다.

"과학이 놀라운 기적을 인류에게 가져다줄 것입니다. 그러나 두 가지만은 절대로 못합니다. 첫째 현미경으로 하나님을 볼 수 없고, 둘째 싹트는 보리알 하나도 생명을 가진 것을 창조하지 못합니다."

과학은 영계를 부인한다. 과학이 갖는 어떤 검색 방법으로도 하나님도, 영계도 증명할 수 없기 때문이다. 그래서 과학은 하나님이 창조한 절반 세계, 즉 물질세계밖에 보지 못한다. 과학은 생명이 어디서 왔는지도 규명하지 못한다.

과학은 종교와 싸워 왔다. 그 말은 과학은 하나님과 싸워 왔다는 말이다. 그러나 하나님은 과학의 상대가 아니다. 과학도 하나님이 창조했고, 우주 최고의 과학자는 하나님인 것이다. 단지 하나님은 과학에게 하나님을 볼 수 있는 현미경을 허락하지 않았다.

과학은 현대인의 신이 되었다. 과학을 신봉하는 신앙은 인간의 눈을 어둡게 만들었다. 과학 속에서 인간이 보는 것은 모두 외적인 것이다. 스베덴보리가 누차 강조했듯이 인간의 참 인간상은 내부 영에 있는데, 그 내부 영을 보는 데 있어 과학은 현대인을 맹인으로 만들었다.

'하나님이 전지전능한 것이 아니라 인간이야말로 전지전능하다.'

과학은 이와 같은 오만을 인간의 영혼 속에 불어넣었다. 그래서 현대인이 사후세계에 눈을 뜨지 못한다. 현대인은 컴퓨터를 두드리고 인터넷을 검색하면서 가장 현명하고 행복한 사람임을 자부한다. 그러나 현대인들이 그 전능한 과학의 힘으로 지상에서의 생애를 하루라도 더 연장시킬 수 있는가. 똑딱똑딱 시간이 흐르면서 현대인에게도 죽음의 시간은 다가오고 있다.

그날이 오면 현대인도 공동묘지로 가는 것이 아니라 영계로 들어가는 비행기를 타야 한다. 그리고 공항(임종)에 도착해서야 자신이 비행기표가 없는 승객임을 깨닫는다. 무임승차 하려는 자는 지옥으로밖에 가지 못한다. 그때는 이미 늦었다. 비행기 표를 사러 갈 시간이 없는 것이다. 다음 순간 영계에서 눈을 떴을 때, 천국으로 갈 수 있는 주옥같은 지상생활에서의 기회를 놓쳤음을 깨닫게 되는 것이다.

스베덴보리는 가장 똑똑하면서 가장 우매한 현대인을 깨우치기 위해 부름 받았다. 자비의 하나님은 헛똑똑하고 우매한 현대인도 모두 사랑하시며 구원하길 원하신다.

진리를 통하여!

제3장

스베덴보리가 말하는 '영생'

천국에서 나이를
먹는다는 것

지상에 살고 있는 인간이라면 누구를 막론하고 장수하고 싶어 하는 것이 인지상정이다. 보통 인간은 오래 살면 90세, 100세를 산다. 그러면 대단히 장수한 나이이다. 그런데 이런 사람들이 '사후에 또다시 영생을 누릴 수 있다'고 말하면 도저히 상상이 안 될 것이다. 하지만 스베덴보리는 분명히 그렇다고 말한다. 그는 사후에 영생의 세계가 있다고 증언했다. 이것이 사실이라면 이보다 더 기쁜 소식이 어디 있을까. 인생에서 가장 중요한 문제임에도 불구하고 지금까지 그 누구도 자신 있게 말해주지 못했던 문제를 스베덴보리는 자신의 체험을 통해 명쾌하게 대답을 해준다.

스베덴보리의 '영계저술' 가운데 가장 유명하고 많이 읽힌 것은 『천국과 지옥』이다. 『천국과 지옥』은 런던에서 최초로 발간되었다. 그런데 책의 내용이 너무 충격적이고 혁명적이어서 유럽에 일어날 엄청난 반응을 고려하여 처음에는 익명으로 발간했다.

라틴어로 쓰인 『천국과 지옥』은 스베덴보리가 70세가 되던, 획기적 운명 전환이 있은 지 13년째 되던 해에 출판되었다. 원서는 400쪽으로 되어 있으나 이것을 한국어나 일본어로 번역하면 약 600쪽에 이른다.

스베덴보리의 저술에는 그만의 독특한 스타일이 있다. 우선 책 제목이 길다. 『천국과 지옥』의 원 제목은 『천국의 놀라운 일들부터 지옥에 관하여 보고 들은 일들』이다. 『천국과 지옥』은 총 3부 63장으로 되어 있으며, 이것은 다시 563절로 나누어진다. 제1부는 천국편, 제2부는 중간영계편, 제3부는 지옥편으로 구성되어 있다. 그래서 그의 저서는 성서처럼 몇 장 몇 절로 찾아야 하며, 이는 그가 얼마나 분석적이며 조직적인 사람인가를 말해주고 있다. 아마 그의 증언이 성서와 같이 세계 각국어로 번역되어도 통일성을 갖도록 하자는 의도에서 이렇게 기술된 듯하다.

『천국과 지옥』의 제1부 천국편 42장 414절에 다음과 같은 말이 있다.

"천국에 있는 사람은 인생의 봄을 향하여 쉬지 않고 부단히 전진하고 있다. 수천 년이라는 세월을 살아갈수록 점점 더 젊어지고 그것이 영원히 지속된다. 그 행복은 그 사람의 사랑과 신앙의 진보에 따라서 더욱 증폭되고 풍성해진다.

지상에서 장수하여 말년에 이르러 노쇠하여 사망한 한 노파가 있었는데, 그녀는 지상에서 하나님에 대한 굳건한 신앙 속에 이웃을 사랑하고 남편과 행복한 부부의 사랑으로 살다가 천국으로 오게 되었다. 노파는 천국에서의 연륜이 더할수록 꽃과 같은 젊음과 아름다움을 되찾았으며, 시간이 가면 갈수록 우리가 상상할 수도 없는 아름다움의 극치로 돌아갔다.

이웃을 사랑하는 선량한 마음은 아름다운 청춘으로 환원되는 원동력이다. 이상을 한마디로 표현하면 '천국에서 나이를 먹는다는 것은 곧 청춘으로 환원한다는 것'이다."

스베덴보리가 남긴 기록을 보면 사후세계에서 영생으로의 환원을 너무도 아름답고 실감나게 묘사하고 있다. 이것은 스베덴보리가 천국을 수없이 오가며 그가 경험한 사실만을 증언했음을 뒷받침한다.

천국에서
천국 부부를 만나다

스베덴보리가 남긴 또 하나의 유명한 저서가 있다. 그것은 『결혼애(結婚愛)』이다. 이 저서는 천국인들의 참다운 부부 사랑에 대한 저술이다.

"나는 이날 천국을 방문 중이었다. 천사가 내 앞에 나타나 이렇게 말했다.(스베덴보리는 천국에 사는 모든 천국 영인들을 천사로 호칭함)

'주님께서 당신에게 천국을 견학할 수 있도록 허락했습니다. 여기 높은 곳은 부부의 사랑으로 천상의 기쁨이 충만한 곳입니다. 한 쌍의 천국 부부를 보내드릴 테니 만나보십시오.'

조금 있으니 천국에서 백마가 끄는 마차가 나타났다. 그 마차는 내 가까이에 와서 섰고, 마차 안에서 한 쌍의 부부가 내렸다. 그들을 쳐다보니, 두 사람은 지금 막 결혼식을 올리고 나온 신혼부부 같았다. 남편이 공손히 인사를 하며 다음과 같이 자신들을 소개했다.

'우리 부부는 지상세계 역사로 말하면 창세기라고 부르는 태곳적에 여기 천국의 주민이 되었습니다. 우리는 벌써 수천 년 동안 이곳에서 끝없는 행복을 누리며 살아왔습니다. 수천 년을 살아왔지만 점점 더 젊어지고 아름다워져 보시는 바와 같이 꽃 같은 청춘으로 살고 있습니다. 우리는 영원히 이러할 것입니다.'

나는 놀라움 속에 이들 부부를 번갈아가며 살펴보았다. 우선 남편을 보니 성숙한 청년기의 미남으로 풍채에서 빛을 발하고 있었다. 두 눈에서는 사랑의 빛이 반짝이고, 건강해 보이는 용모와 함께 내부에서 광채가 우러나왔다. 또 아름다운 긴 가운을 입고 금색 띠를 둘렀는데, 그 가운 속에는 청색옥이 비치고 있었고, 금색 띠에는 보석이 반짝이고 있었다.

이번에는 아내 쪽을 살펴보았다. 그녀 역시 20대 청춘의 절정에 있었는데, 그 용모는 눈이 부실 만큼 아름다웠다. 행복으로 가득한 얼굴은 화장으로 가꾼 미모가 아닌 자연스러움 그 자체였으며, 내면에서 우러나오는 아름다운 모습이었다.

머리에는 미모에 걸맞은 다이아몬드로 된 장식이 꽂혀 있었다. 또 루비로 만든 목걸이, 진주로 된 팔찌를 차고 있었으며 진홍색 가운과 가슴 쪽은 모두 루비로 장식된 자색의 블라우스를 입고 있었다.

아내가 방향을 바꾸면 빛이 달라지고, 부부가 마주 보면 찬란한 광채가 두 사람으로부터 발산되었다.

그의 아내가 물었다.

'지금 당신은 무엇을 보고 계십니까?'

'부부의 사랑이 얼마나 순수하고 아름다운 것인지 당신들의 모습을 보고 알았습니다. 천국의 아름다움은 내부로부터 나오고, 부부의 행복은 내적 사랑의 아름다움에서 나오는 것임을 나는 알았습니다.'

내 대답에 아내가 말했다.

'이곳 천국에서는 사랑이 곧 생명입니다. 그 말은 곧 생명이 사랑이라는 말과도 같습니다. 부부는 일심동체라고 하지요. 사실 우리는 둘이 아니라 하나입니다. 그래서 이곳 천국에서는 두 사람으로 보지 않고 부부는 한 사람으로 봅니다. 따라서 우리 두 사람을 '1위(一位)의 천사'라고 부릅니다. 우리가 아름답게 보이는 것은 우리가 잘해서 얻어진 것이 아니요, 주님께서 우리에게 내리신 축복입니다. 이곳에서는 하나님에 대한 사랑과 이웃에 대한 사랑이 모든 것을 결정합니다.'

이런 이야기를 할 때, 그들 두 사람은 한 입으로 말하는 것 같았다. 그 아름다운 부부는 정말로 홍안 소년소녀 같았으며, 수천 년을 살아온 부부라고는 도저히 믿기지 않는 아름다움의 극치를 느끼게 했다.

잠시 후, 그들 부부는 '위에서 돌아오라 하니 그만 돌아가겠습니다.' 하고는 마차에 올라 꽃밭 사이를 달려서 성으로 들어갔다. 성문에 다다르자 청순한 아름다운 천사들이 나와서 두 사람을 마중하여 들어갔다."

마치 동화 속에 나오는 이야기 한 토막 같다. 스베덴보리의 말에 의하면 동화 같은 나라가 실제로 존재하는 곳이 바로 천국이다.

애벌레가 허물을 벗고 나비가 되듯이

스베덴보리는 우주에는 그 근본 되는 '제1원인'이 있다는 것을 인정한 과학자였다. 그가 운명의 대전환으로 영능자가 되어 천상을 출입하게 되면서 그 '제1원인'이 다름 아닌 창조주인 것을 알았다. 스베덴보리는 창조주가 무한한 지(知), 정(情), 의(意)를 가진 인격자인 것을 알았고, 천지창조가 우연이 아니라 분명한 목적이 있다는 것도 알았다.

그렇다면 그 목적이 무엇일까. 그것은 창조주의 사랑의 구현이었다. 창조주의 본질은 사랑이다. 모든 천지만물은 창조주의 사랑의 대상으로 지어졌으며, 그것을 지으신 뜻은 인간에게 그 모든 것을 주고 싶어서였다. 즉 천지창조는 인간을 위함이요, 그 인간을 창조주의 사랑의 대상으로 지으시고 인간에게 모든 사랑을 쏟아 기쁨을 누리고자 하신 것이다.

창조주의 천지창조가 모두 인간을 위해서였다는 사실은 무척 놀랍다. 그래서 성서에도 '인간을 하나님의 형상대로 지으셨다(「창세기」 1장 27절)'고 되어 있다. 우리는 하나님을 닮아 태어났다. 하나님은 우리 인간같이 생기신 분이다. 따라서 하나님은 보이지 않는 인간이요, 인간은 볼 수 있는 하나님이다.

창조주는 인간을 위해 두 개의 세계를 지으셨다. 하나는 지금 우리가 살고 있는 이 지상세계요, 다른 하나는 인간이 영생할 수 있는 천국이다. 창조주는 인간을 땅 위에 육신을 가지고 태어나게 했다. 그리고 인간의 영원한 생명인 영체를 천국에 들어오게 하여 영원한 행복을 누리도록 했다. 그래서 인간은 두 몸을 갖고 있다. 육체와 영체이다. 땅 위에서는 육체 안에 영체가 같이 거하고, 때가 되면 영체는 육체를 벗고 천국으로 비상하는 것이다.

나비를 보자. 나비는 인간 생애의 상징이다. 나비는 곤충으로 한 생애를 살다가 때가 되면 곤충의 옷을 벗고 나비가 되어

하늘을 날아다니며 이 꽃 저 꽃을 찾아 꿀을 빨고 꽃이 열매를 맺게 한다.

이처럼 인간도 땅 위에서의 삶이 전부가 아니다. 곤충의 옷을 입고 있는 지상 생애 다음에는 나비가 되는 영생이 기다리고 있다. 스베덴보리가 천계로부터 받은 첫 번째 사명은 인간들에게 천국과 영생이 있다는 것을 알리는 것이었다.

인간의 참 생명은 영체 쪽에 있고, 육체는 생명이 없다. 영체가 육체를 벗고 떠나는 날이 '죽는다'고 하는 것이며, 땅에 두고 간 인간의 육체는 나비가 버려두고 간 고치와 같다. 가장 중요한 것은, 육체는 지상에서 나이를 먹고 늙어가지만 영체는 나이를 먹지 않는다는 것이다. 영체가 성장한다는 것은 나이를 먹는다는 뜻이 아니라 완성을 향하여 끊임없이 발전한다는 뜻이다. 인간의 영체는 인생의 최고봉에서 완성된다. 그리고 그것은 오로지 사랑만을 양식으로 한다.

천국이냐 지옥이냐는 이 영체의 완성도에서 결정된다. 지상에서 살면서 사랑을 실천한 영체는 천상에 가서도 아름답고 계속해서 완성을 향해 발전한다. 그러나 지상에서 사랑을 실천하지 못한 영체는 그 생명이 위축되고 모양도 흉악하여 스스로 지옥을 택하게 된다. 스베덴보리가 수천 번 강조한 교훈이 바로 이 영체의 변수이다. 이것은 지상생활에서 자기 스스로 결정하는 것이다.

사랑이 충만한 영체는 아름다움이 극치에 달하고 그 얼굴에서, 몸에서, 의상에서 찬란한 빛을 발한다. 이런 영체는 반드시 천국으로 가서 영생하며, 그 사랑과 영적인 지혜가 계속 발전한다. 연륜을 더할수록 보다 아름답고 젊어지고 우아해진다. 천국의 행복 속에 완전히 취하여 영생을 살아가는 것은 육체가 아니라 영체이다.

스베덴보리가 만나 본 천국의 부부가 바로 이런 사람들이었다. 그들은 연륜이 더할수록 젊어지고, 아름다워지며, 영원히 행복하다.

제4장

죽음이란 영계로 가는 이사

죽음이 있을 뿐
사라지는 것은 아니다

죽음은 예나 지금이나 인간에게 있어 가장 큰 공포의 대상이다. 모든 공포는 무지에서 온다. 죽음 다음에 무엇이 있는지 모르는 데서 공포가 찾아온다. 어린아이가 밤중에 자기 집에 들어가려 할 때 불이 켜져 있지 않으면 "엄마, 무서워!" 하고 소리친다. 그런데 낮에는 아무렇지도 않다. 밤에는 어두워 앞이 보이지 않기 때문에 두려워하는 것이다. 죽음도 마찬가지이다. 죽음 다음에 무엇이 기다리고 있는지 모르기 때문에 두려운 것이다. 그런데 죽음 다음에 무엇이 있으며 자신이 어떻게 되는가를 정확하게 알면 어떨까. 그래도 죽음이 공포의 대상일까. 아니다. 그걸 아는 사람은 평화로운 마음으로 죽음을 맞이할 수 있다.

헬렌 켈러는 죽음에 대해 이렇게 증언했다.

"죽음의 힘, 거기에 동반되는 이별의 슬픔에 대해 스베덴보리의 메시지는 우리 마음에서 단숨에 죽음의 공포를 떨쳐버리게 한다. 나는 지금 용감한 발자취로 무덤을 향하여 전진할 수 있다. 죽음 다음에 무엇이 있는지 잘 알기 때문이다. 나는 죽음이 두렵지 않다. 죽음이란 곧 새로운 탄생이라는 것을 알기 때문이다."

헬렌 켈러는 죽음은 곧 새로운 탄생이라 했다. 어머니의 모태에서 이 세상에 태어나듯이 지구라는 모태에서 영원한 세계로 다시 태어나는 것이다.

스베덴보리는 영계탐험을 통해 지금까지 세상에 태어나 지상에서 생을 다하고 죽은 자 가운데 영원히 소멸된 사람은 역사 이래 단 한 사람도 없다는 놀라운 사실을 체험했다. 인간은 죽어서 무덤에 가면 그만인 줄 알았는데, 그 누구도 이 우주에서 소멸된 사람은 없더라는 것이다. 지상에 두고 가는 것은 육체뿐이다.

스베덴보리는 스웨덴 왕실 귀족의 대열에 있었기 때문에 왕실과 가까웠고, 스웨덴의 여러 왕과 여왕을 모셔왔다. 한번은 영계에 가 보니 죽은 지 15일밖에 안 된 스웨덴 왕 칼 12세가 거기에 와 있었다.

왕은 스베덴보리를 보더니 너무 놀라며 반갑게 달려왔다. 그리고는 한탄하는 것이었다.

"여보게 친구, 글쎄 이럴 수가 있어! 내가 죽었다고 장사를 지냈대요, 글쎄. 내 귀로도 장례식의 종소리를 들었으니까. 아니 어찌 이럴 수가 있는가 말이야. 지금 여기 이렇게 멀쩡하게 살아 있는데 내가 죽었다니. 그런 미친 소리가 어디 있어. 나는 지금 자네와 이마를 마주대고 이렇게 대화를 나누고 있질 않나 말일세."

스베덴보리는 아직 자신의 죽음을 인정하지 못하고 있는 왕에게 설명했다.

"왕이시여! 당신은 지금 지상이 아니라 영계에 와 계십니다. 당신의 몸은 지금 육신이 아니라 영체로 있는 것입니다. 지상에서는 당신의 육신을 가지고 장사를 지낸 것입니다. 그러나 왕이시여! 당신은 분명 살아 계십니다. 지상을 떠나 천상의 세계에 살고 계신 것입니다. 지금 당신의 몸은 육신이 아니라 영적 실체입니다."

설명을 듣고도, 왕은 미친 사람처럼 고래고래 소리를 지르며 부인했다.

"무슨 소리야! 나는 살아 있어! 예나 지금이나 달라진 것이 아무것도 없어! 나는 살아 있다고!"

스베덴보리는 또 영계에서 유럽의 오랜 과학자 친구를 만났다. 두 사람은 모두 반가워했다. 친구가 스베덴보리에게 물었다.

"스베덴보리, 자네도 죽어서 여기 온 것인가?"

"나도 지금은 영인일세. 그러나 나는 내 육신을 땅 위에 살려 두고 왔다네. 나는 곧 인간으로 돌아갈 것일세!"

"친구, 나는 분명히 죽었어. 그런데 나는 죽으면 내 몸은 땅에 묻히고 영원히 소멸되는 줄로만 알았어. 내 가족도 그렇게 알았어. 그런데 나는 살아 있지 않은가, 이렇게 완전한 인간으로 말일세! 여보게, 부탁이 있네. 자네가 지상으로 돌아가거든 내 가족들에게 내가 죽지 않고 잘 살고 있으니 걱정하지 말라고 말 좀 전해 주게나."

지상에서 육신을 벗고 영계로 온 영인들 대부분은 자신이 죽어서 딴 세계에 와 있다는 것을 실감하지 못한다. 지상에 있는 모든 종교와 교회들이 그처럼 일생 동안 영생을 가르쳤지만, 영적인 몸이 그렇게까지 육체와 똑같고 모든 감각을 그대로 가지고 있으리라고는 생각지 못한다. 대개는 죽은 뒤에 남는 영혼은 유령이나 요정같이 실체가 없이 떠다니는 바람 같을 것이라고 생각한다.

그러나 이것은 아주 큰 오해이다. 사람들은 영계에 가면 지상에서와 너무나 똑같이 자신이 살아 있음을 느끼기 때문에 영계에 와 있다고 실감하지 못하는 것이다. 거기다 '중간영계(죽어서 최초로 가는 곳)'의 환경이 지상의 자연계와 너무 흡사하기 때문이기도 하다.

스베덴보리는 인간의 영체는 육체와 똑같다고 했다. 그렇다. 완전히 똑같다. 다만 육체보다 훨씬 더 완벽할 따름이다. 육체가 가지고 있는 오관, 즉 보고, 듣고, 냄새 맡고, 맛보고, 만지는 것 모두가 똑같다. 사고하는 것, 생각하는 것, 희로애락의 감정표현도 지상에서 육체를 갖고 살 때와 똑같이 한다.

다만 영체의 감각은 육신의 감각보다 상상을 초월할 정도로 더 예민하고 완벽할 뿐이다. 물질로 된 육체는 자연법칙에 의해 늙고 훼손되고 병드는 불완전한 것인데 비해, 영체는 늙지 않으며 마모되지 않으며 병들지 않으며 어떤 신체장애도 없다. 이것은 영적인 몸으로 영원한 세계의 법칙에 의해 살기 때문이다.

지상에서도 영체는 인간의 주체였다. 모든 사고와 이성, 지식, 판단, 희로애락의 감정은 모두 영체 속에 있다. 그 영체가 일단 지상에서 육체와 분리되어 영계로 떠나게 되면 지상에 둔 육체에는 아무 생명이 없다. 생명은 모두 영체 쪽에 있기 때문이다.

광대하고 변하지 않는 영원한 세계

보통 서양에서는 30년을 1세대라 한다. 3세대까지 가면 90년이 되는데, 이 90년 동안에 현재 지구의 약 65억 인구는 대부분 영계로 가게 된다. 그리고 지상에는 제 4, 5, 6세대의 새로운 65억 인구가 살게 된다.

그러면 인류 역사 이래로 얼마나 많은 사람들이 영계에 갔을까. 이는 상상이 안 되는 숫자이다. 수천억이 넘는 인구가 영계로 갔을 것이다. 그래서 영계가 포화상태가 되었을까. 아니다. 영계는 무한한 공간이다. 그리고 영계는 인구의 밀도가 높으면 높을수록 보다 완전해진다. 영계는 무한대이다.

스베덴보리가 남긴 기록 중에서 가장 중요한 증언의 요점은 아래와 같다.

"영계는 창조주 하나님의 질서 하에 있으며, 천국은 인간의 궁극적 고국이 된다. 이 세계는 하나님과 주님을 왕으로 모시는 왕국이다. 인간은 영원불멸의 존재로 창조되었다. 인간에게는 죽음이란 없고 다만 지상에서 영계로 이주하는 과정이 있을 뿐이다. 세상에서는 이를 죽음이라 하는데, 이는 전혀 공포의 대상이 아니다. 태아가 모태를 통해 지상에 태어나듯, 인간은 지상에서 영계로 태어나는 것이다. 그래서 인류 역사 이래 지상에 왔다 간 인간 중에서 소멸된 사람은 단 한 사람도 없다."

이제 앞서 헬렌 켈러가 말했듯이 '죽음은 공포의 대상이 아니고, 희망과 흥분 속에 황홀한 세계로의 새로운 탄생'이라는 것을 깨닫게 될 것이다.

인간의 수명은 하늘이 정한다

한번은 스베덴보리에게 이런 일이 있었다.

그가 전 유럽에 유명한 영능자로 알려진 이후였는데, 그는 그 날 명사들이 함께하는 모임에 연사로 초대를 받았다. 연설이 끝난 후에 참석자 가운데 한 사람이 스베덴보리에게 질문을 던졌다.

"스베덴보리 씨, 오늘 이 회합의 참석자 가운데 누가 제일 먼저 죽을 것인가를 말해 줄 수 있습니까?"

스베덴보리는 순간 주저했다. 과연 이 질문에 대답을 해야 하는지를……. 그런데 사람들은 열광적으로 답변을 요구했다. 스베덴보리는 그 답변의 주인공이 청중 중에 누가 됐든 이의가 없다는 다짐을 받은 후, 명상에 잠겨 영계와 교신을 시도했다. 잠시 후, 스베덴보리는 눈을 뜨고 청중들을 보며 말했다.

"여기 계신 오로프슨Olofsohn 경이 내일 새벽 4시 45분에 타계하실 것입니다."

스베덴보리의 예기치 못한 대답에 모두들 깜짝 놀랐다. 그 자리에 있던 사람들은 아무도 그 말을 믿지 못하겠다는 표정을 지으며 웅성거렸다. 오로프슨 경은 젊고 건강한 사람이었기 때문이다.

스베덴보리의 말에, 오로프슨 경은 유쾌하지 못한 감정을 애써 감추고 껄껄 웃으며 큰소리로 말했다.

"스베덴보리 씨, 농담이 좀 심하시군요!"

그렇게 회합이 끝나고, 사람들은 스베덴보리의 예견에 큰 의미를 두지 않았다.

그런데 다음 날 새벽, 전날 스베덴보리가 예견한 4시 45분에 오로프슨 경이 갑자기 심장마비를 일으켜 사망했다. 사람들이 모두 경악한 것은 두말할 나위가 없었다.

놀란 사람들에게, 스베덴보리는 이렇게 말했다.

"나는 마술사가 아닙니다. 인간의 수명은 하늘이 정하시는 것을 알았기 때문에 영계에 그의 수명을 물어보고 대답을 얻은 것에 불과합니다."

그 이후로 스베덴보리는 자신이 죽는 날을 예언하는 것 외에 다른 사람에 관해서는 어떠한 예언이나 이야기를 하지 않기로 결심했다고 한다.

임종의 순간, 고통은 사라진다

과연 임종은 어떻게 진행되는 것일까. 이것은 모든 사람에게 최대의 관심사이다. 사람이 죽음을 맞이하는 형태는 천태만상이다. 대부분 노환으로 앓다가 임종을 맞이하지만, 오늘날 같이 복잡하고 험한 세상에서는 침대 위에서 임종을 맞지 못하는 경우도 많다.

그 한 예가 전쟁터에서 전사하는 경우이다. 생각지도 않은 순간에 총탄에 맞고 쓰러진다. 또 하늘과 땅과 바다 위에서 생기는 각종 사고로 인한 사망이나, 천재지변과 같은 재해에서 오는 사망도 있다. 그 밖에 각종 범죄로 인한 사망이 있다. 이 모든 죽음의 형태에 한 가지 공통점이 있다면 누구도 죽기를 희망해서 죽는 것이 아니라는 것이다. 단지 자살만은 예외다. 그래서 자살만은 절대로 해서는 안 된다. 다른 죽음과 확연히 구분되는 자살 뒤에는 상상을 초월하는 불행이 따르기 때문이다.

죽음에는 많은 경우 말할 수 없는 고통이 따른다. 그러나 육신의 고통은 임종 전에 반드시 사라지고 곧 이루 말할 수 없는 평안이 찾아온다. 이 평안은 임종자가 일찍이 생존 시에 느끼지 못한 평안이다. 고통스러울 것이라는 만인의 예측과 달리 임종자는 하늘에 오르는 듯한 환희를 느낀다.

육체로는 임종자가 혼수상태에 있는 것처럼 보이지만 그 순간 임종자의 영적 감각은 명석하고도 명료하다. 그때 임종자는 가족이나 의사가 아닌 방문객이 자신의 곁에 와 있음을 인지한다. 이는 영계에서 보내온 안내영인들인데, 대개 두 사람의 영인이 같이 나타난다. 때로는 네 명의 영인이 올 수도 있는데 그 경우 두 영인은 머리 쪽에, 두 영인은 발 쪽에 위치한다.

어떤 임종자이든지 반드시 영계에서 안내영인이 파송된다. 이것은 예외가 없다. 안내영인들은 천국의 선한 영들로, 이들의 사명은 우선 임종자를 편안하게 하고 따뜻한 사랑으로 감싸주는 것이다. 그때 임종자와 안내영인 사이에 대화가 이루어진다. 이것을 곁에 있는 가족이나 의사나 간호사는 인지하지 못한다.

안내영인들은 임종자가 마지막 숨을 거두기를 기다린다. 임종자의 심장박동이 멈추는 순간 의사는 임종자의 사망을 선언하고, 임석한 가족의 오열이 시작된다. 이때 안내영인은 임종자의 영체가 육신으로부터 분리되는 것을 돕는다. 임종자가 침대에 있을 경우 임종자의 영체가 육신으로부터 이탈되어 벌떡 일어난다. 하지만 임종자의 육신은 그대로 침대에 남아 있다. 임종자는 아무런 고통을 느끼지 않으며 승천하는 기분에 환희를 맛보게 된다.

이때 임종자의 영적 오관이 서서히 깨어난다. 육적 오관은 사라지고, 그 대신 영적 오관이 열리며 그동안 전혀 인식하지 못했던 영의 세계가 눈앞에 나타나게 된다. 이것은 텔레비전의 채널을 바꾸는 것과 같다. 흑백 화면을 보고 있다가 채널을 바꾸어 갑자기 컬러 화면이 나타나듯이 딴 세계를 보는 것과 같다.

그때 임종자는 벌써 영인이 되어 있는 것이다. 그리고 분리된 영체는 안내영인의 따뜻한 보살핌 가운데 침대에서 내려오거나 천장에 부유(浮游)한다. 임종자는 천장에서 자기 육체(사실은 사체)를 내려다본다. 그러나 슬픔이나 연민은 느끼지 않는다. 통곡하거나 슬퍼하는 가족들도 보이고, 때로는 의사가 자기 사체에 응급조치를 취하는 상황을 내려다보기도 한다.

임종자의 영체는 그들의 대화를 들을 수 있다. 의사가 가족들에게 "임종했습니다." 하는 소리도 듣는다. 가족들의 오열에 그들을 측은하게 보기는 하지만 같이 슬퍼하지는 않다. 이때 안내영인들은 끝까지 남아서 임종한 영인을 돕는다. 임종한 영인과 안내영인은 자유자재로 대화하며 서로의 감정을 살핀다. 물론 생각의 대화, 상념의 대화로 말이다.

임종한 영인의 기분은 아주 상쾌하다. 몸이 날아갈 듯 가볍다. 황홀함을 느낀다. 안내영인은 영계로 안내할 준비가 다 되어 있다. 안내영인은 임종한 영인을 안고 영계로의 비상을 시작한다. 임종한 영인은 황홀감과 기쁨 속에 영계로 입적한다. 이때 임종자 모두가 최초로 가는 곳은 '중간영계'이다. 이곳은 지상과 천국의 중간 지점이라 할 수 있다. 그러나 그곳도 영계의 한 부분이다.

지상생활에서의
사랑의 행적에 따라

그런데 임종한 영인이 최초의 안내영인과 서로 맞지 않는 경우가 있다. 주파수가 맞지 않는다고 할까, 영적 기준이 맞지 않는다고 할까. 이것은 임종자의 영위(靈位)가 천국에서 온 안내영인의 기준에 미달할 때 일어난다. 천국에서 온 안내영인들은 최고 선영(善靈)들이며 모두 천사 급이다.

임종자의 영위가 그 수준에 못 미치면 임종한 영인은 불편을 느끼며 안내영인을 거부한다. 그러면 최초의 안내영인은 떠나고 그보다 낮은 급의 안내영인이 대신 내려온다. 그런데 또다시 기준이 안 맞아 거부하면, 두 번째 안내영인도 떠나고 그보다 더 낮은 급의 안내영인이 내려온다. 임종자에 따라서는 이렇게 안내영인의 교체가 몇 번씩 이루어지는 경우가 있다. 그러다가 결국에는 안내영인이 지옥에서 내려오게 된다. 이것은 임종한 영인의 영위가 지옥에 속해 있다는 것을 증명하는 것이다.

이와 같이 안내영인들의 교체가 진행되는 동안 임종한 영인은 지상을 떠나지 못하고 길게는 3일까지 남아 있게 된다. 인간은 지상생활에서 사랑의 행적에 따라 자신의 영위가 결정된다.

흔히 말하는 선인과 악인이 여기서부터 갈리는 것이다.

    인간은 지상에서 천국이냐 지옥이냐의 자격을 각자 형성한다. 선한 사람이든 악한 사람이든 일단 죽으면 안내영인의 인도로 중간영계에 가지만, 그 안내영인은 사람마다 다르다.

제5장

스베덴보리가 경험한
천국과
지옥으로의 여행

천사가 인도한
천국으로의 여행

스베덴보리가 보고 온 천국은 어떤 세계였을까. 우리가 지식을 통해 깨우쳐서 알 수 있는 세상일까, 아니면 생각이나 상상으로 그려낼 수 있는 곳일까.

스베덴보리는 그의 방대한 영계저술에서 천국의 여러 곳을 방문했다고 했다. 동토의 나라에도 가보고, 열대의 나라에도 갔으며, 태곳적 인간들이 살고 있는 곳도 방문했다고 했다. 그의 증언에서 가장 중요한 점은 천국이라 해서 천편일률적으로 같은 것이 아니며, 천국도 시대의 변천에 따라 변화하고 있다는 것이다.

예수 그리스도가 강림하기 전 아주 먼 옛날에는 천국이 존재하지 않았다. 그래서 태고의 천국인들은 모두 그들의 지상문화를 본 따서, 희고 아름다운 천막을 지어 살고 있다고 했다. 이는 지상세계의 문명의 발전과 변천에 따라 천국사회의 환경도 달라지고 있음을 말해준다.

이 책에 기록된 천국은 예수 그리스도 강림 이후의 천국이었음이 분명하다. 스베덴보리는 거기에서 예수님의 현현하심을 보았다. 그 천국은 지난 2000년 동안 건설된 신약시대의 천국이다.

예수께서 십자가상에서 오른편 강도에게 약속하시고 승천하신 천국이 '낙원'이었기 때문이다.

"예수께서 (오른편 강도에게) 이르시되 내가 진실로 네게 이르노니 오늘 네가 나와 함께 낙원에 있으리라 하시니라."
「누가복음」 23장 43절

이 사실로 미루어 볼 때 예수 그리스도께서 들어가신 천국은 분명히 낙원천국임을 알 수 있다. 성서의 4대 복음 가운데 예수께서 무수히 말씀하신 천국은 바로 이 낙원천국이다.

그렇다면 스베덴보리가 증거한 '천국으로의 여행'도 그 낙원

천국으로의 여행을 말하고 있는 것이다. 우리는 천사가 스베덴보리에게 최상의 천국은 아직 비어 있고, 그곳은 지상천국이 완성되어 완성된 인간이 들어가는 무오류(無誤謬)의 천국이라 한 점에 주의를 기울여야 한다.

예수 그리스도께서 약속하신 지상 재림이 이루어진 후에는 또 새로운 천국이 건설될 수 있음을 알 수 있다. 지상에서 재림예수를 맞고, 원죄를 벗고 완성된 인간으로 들어가는 천국은 현재의 천국보다 더 높은 지상지고(至上至高)의 천국일 것이며, 바로 그곳을 가리켜서 무오류의 천국이라 한다.

첫닭이 울기 직전인 이른 새벽녘이었다. 스베덴보리는 아직 곤한 잠에서 깨지 않은 상태였다. 그때 먼 곳, 아주 먼 곳에서 "스베덴보리 씨!" 하고 그를 부르는 소리가 잠결에 들렸다. 그런데 다음 순간 그 소리는 이내 바로 귓전에서 고막이 찢어질 듯 "스베덴보리 씨!" 하고 들려왔다. 스베덴보리는 갑자기 들려온 큰소리에 깜짝 놀라 벌떡 일어났다. 주위를 둘러보니 침대 바로 옆에 천사 한 명이 서 있었다.

"아, 놀랐습니다! 멀리서 소리가 들리는 것 같았는데 옆에 와 계시는군요!"

이 말을 들은 안내천사는 껄껄 웃으며 대답했다.

"조금 전에 나는 당신이 상상도 못할 만큼 먼 곳에 있었습니다. 수천만 리도 더 되지요. 내가 이렇게 빨리 도착할 수 있는 원리에 대해서 당신은 아직 모르고 있습니다. 하지만 곧 영계의 사정에 익숙해지면 오늘처럼 놀라는 일은 없을 겁니다."

"네, 정말 놀랍습니다. 그런데 이렇게 일찍 나를 찾아온 이유가 뭔가요?"

"스베덴보리 씨, 오늘 주님께서 당신을 모셔다가 천국으로 안내하라는 지시가 있었습니다. 그 안내의 임무를 맡고 내려왔습니다."

스베덴보리는 이미 그간 여러 번의 영계 여행을 통해 많은 곳을 방문해 봤지만 주님께서 천국에 안내하라 하셨다는 말에 정신이 번쩍 들었다.

스베덴보리는 곧 여장을 차렸다. 여장을 차린다고 하는 것은 자신에게 '죽음의 기술'을 시술하여 영체를 육신으로부터 분리하는 것을 말한다. 잠시 후, 스베덴보리는 영계에서 온 천사와 다름없는 영인이 되었다.

그곳은 사랑과 기쁨으로 이루어진 세계

스베덴보리는 곧바로 안내천사의 도움을 받아 비상을 시작했다. 중간 지점에 왔을 때, 안내천사는 비상을 멈추며 말했다.

"스베덴보리 씨, 저기를 좀 보십시오. 저 먼 곳에 수평선 같은 줄이 있고 흰 구름이 떠 있는 것이 보입니까?"

천사가 가리키는 곳을 쳐다보니, 공중에 수평선과 같은 선이 보이고 그 위에 구름이 떠 있으며, 그 사이에 아름다운 꽃이 만발한 화원과 건물이 보였다. 그리고 거기에 화려한 흰 옷 차림의 많은 천사들이 보였다.

"예, 보입니다. 저기가 어디입니까?"

"가만히 계십시오. 자, 이번에는 그 위 더 높은 곳에 또 하나의 수평선 같은 것이 보입니까?"

다시 주목해서 눈을 높이 뜨고 보니 조금 전에 보았던 그 아름다운 세계 위에 또 하나의 선이 보이고 그 위에도 아름다운 도시와 전원 풍경이 보였다.

"예, 보이는군요. 거기는 또 어디입니까?"

"스베덴보리 씨, 그 위에 더 높은 곳이 보입니까? 고개를 들어보십시오. 또 무엇이 보이지 않습니까?"

스베덴보리가 고개를 높이 들어 안내천사가 가리키는 곳을 보니 거기에 또 하나의 수평선이 있고, 그 위에 아름다운 궁전이 눈부시게 빛나고 있었다.

"아아! 보입니다. 정말 황홀한 광경입니다!"

스베덴보리가 감격하자, 안내천사가 말했다.

"스베덴보리 씨, 저기가 천국입니다. 지금 당신이 가는 곳입니다. 그런데 여기서 그 전모를 보라고 한 것은 천계는 저렇게 입체적인 3단계로 되어 있다는 것을 알게 하기 위해서였습니다. 천

국은 모두 3단계로 되어 있습니다. 제일 위에 있는 천국이 최고의 천국이며, 그곳을 제3천국이라고 합니다. 두 번째 본 곳이 제2천국이며, 맨 처음에 본 곳이 제1천국입니다. 저 3층천이 모두 천국이며 보시다시피 광명한 빛과 광채 속에서 찬란히 빛나고 있습니다."

안내천사는 이어서 설명을 했다.

"제3천국이 주님이 계시는 곳이며, 하나님의 사랑과 진리에 가장 가까운 곳입니다. 사랑은 열이요, 진리는 빛입니다. 그래서 제3천국은 하나님의 빛과 열이 가장 강력한 곳입니다. 제2천국도 하나님의 진리와 사랑 속에 있으나 그 정도가 제3천국보다 조금 낮을 뿐입니다. 제1천국은 제2천국보다 조금 낮은 천국입니다.

여기 각 천국에 사는 영인들을 천사라 부르며 그들은 어느 천국에 있든지 영원한 기쁨과 행복을 누리고 있습니다. 기쁨과 행복이 충만한 곳이지요. 그리고 각 천국은 저렇게 입체로 되어 있으며 상하 천국 간의 교류는 없습니다."

이윽고 스베덴보리는 안내천사와 같이 제3천국의 한복판에 섰다. 눈앞으로 상상도 할 수 없는 멋진 광경이 펼쳐졌다. 감탄한 스베덴보리는 눈앞의 광경에 넋을 잃고 바라보았다. 스베덴보리가 한참 동안이나 넋을 잃고 있는 동안 안내천사는 스베덴보리

곁에서 미소를 띠며 기다렸다.

'아! 여기가 천국이구나! 도대체 이런 곳에는 누가 산단 말인가?'

우선 눈에 들어온 것은 장엄하기 이를 데 없는 화려한 궁전을 중심으로 한 도심의 광경이었다. 궁전은 이 세상에서는 상상도 못할 만큼 장엄하고 화려했다. 지붕은 모두 광채로 번득이는 금기와요, 벽면과 바닥은 가지각색의 아름다운 보석으로 장식돼 있었다.

궁전 내부에 들어서니 그 화려함과 찬란함은 극에 달했다. 궁전 내부의 방과 홀, 거실, 넓고 긴 복도와 내부 장식……. 그 장엄하고 웅장한 아름다움을 어떻게 표현해야 좋을지 몰랐다. 궁전의 남쪽에는 가히 낙원이라 할 수 있는 정원이 끝없이 펼쳐져 있었는데, 정원은 백화가 만발하고 꽃과 과일나무들이 마치 감정이 있는 것처럼 다정하게 어우러져 있었다.

제3천국의 가장 놀라운 특징은 눈에 보이는 도시 전체가 아름답고 장엄하기 이를 데 없다는 것이다. 뿐만 아니라 아름다운 세계를 구성하고 있는 모든 것들이 저마다 형형색색의 광채를 발하고 있었다. 궁전의 주위에는 천사들이 사는 도시가 펼쳐져 있었는데, 주택들도 궁전과 비교할 때 그 아름다움과 정교함이 전혀 떨어지지 않았다.

천사들이 사는 주택에 들어가 보니 각 주택마다 여러 개의 방이 있고, 거실과 침실이 있었다. 식당에는 금은으로 장식된 테이블이 있고, 그 위에는 터질 것 같이 무르익은 진귀한 각종 과일이 진열되어 있었다. 주택의 구조는 여기 지상의 고급 주택과 크게 다르지 않았다. 다만 지상의 건물과는 비교가 되지 않을 만큼 밝고, 빛나고, 아름다웠다. 천국의 각 주택에는 반드시 주위를 둘러싼 정원이 있었는데, 정원에는 꽃이 만발하고 동시에 큰 수목과 포도원도 있으며 생기가 넘쳐흘렀다.

천국의 주민들, 즉 천사들의 거주지는 질서 있게 구획 정리가 되어 있었는데, 그것을 잇는 도로는 우리가 생각하는 아스팔트 도로가 아니라 하나하나가 한 폭의 주단이었다. 먼 곳으로는 푸른 산과 호수가 있고, 논밭도 보이고 목장도 있었다.

집집마다 행복한 천사들이 살고 있었으며 그들은 스베덴보리를 반갑게 맞아 주었다. 인사를 나누는 천사들의 미소와 친절은 '과연 이곳이 천국이구나!' 하는 것을 실감케 했다. 스베덴보리는 어쩌면 그렇게 내 집에 온 것처럼 평안하며, 내 가족을 만나는 것처럼 기쁠 수 있을까 하고 생각했다.

천국의 영인들이 입고 있는 의상은 지상과는 달리 가운 같은 정식 의상이었으며 아름답게 수가 놓여 있고 옷 전체에 보석이 빛나고 있었다. 영인들의 옷은 대개 눈과 같이 희며 영락없이 광채가 나고 있었다. 거리거리마다 빛이 충만하고, 영인들의 얼굴에는 행복이 가득 넘쳤다.

스베덴보리가 가장 놀란 것은 천국에 노인이 없다는 것이었다. 또 어린이도 없었다. 천국의 영인들은 모두가 청춘남녀로 20대에서 30대로 보였으며, 집집마다 부부가 한 단위가 되어 사랑의 감미로운 환희 속에 살고 있었다.

그곳의 여자 천사들은 상상도 할 수 없을 만큼 아름다웠다. 오죽하면 스베덴보리가 지상의 어떤 화가도 그 아름다움을 그릴 수 없다고 했을까. 천국의 미는 화장이나 성형으로 꾸며진 외적인 것이 아니라 내면에서 우러나오는 본연의 미였다.

거리의 천국천사들의 행동은 경건하고 부드러웠으며 모두 생기가 넘쳐흘렀다. 스베덴보리가 만난 천사들은 초면임에도 불구하고 십년지기나 다름없는 친밀감을 느끼게 했다.

안내천사는 그제야 입을 열었다.

"잘 보셨습니까, 스베덴보리 씨. 여기 제3천국은 숭고한 사랑의 인격이 가득한 곳입니다. 천사들은 모두 진리와 사랑의 화신체(化身體)가 되어 있습니다. 이와 같은 지복의 세계 속에 그들은 모두 천국의 기쁨과 행복에 취해서 살고 있습니다."

안내천사는 잠시 생각하더니 다시 입을 열었다.

"스베덴보리 씨. 여기 천국인이 즐기는 삶은 지상의 인간들이 즐기는 관점과 많이 다르다는 것을 알아야 합니다. 지상에서의 즐거움은 감각적 즐거움, 즉 눈으로 보고 귀로 듣고 손으로 만지며 느끼는 즐거움입니다. 그러나 천국의 즐거움은 내면에서 우러나오는 기쁨입니다. 물질적 향락이 아니라 영적인 환희와 행복인 것입니다.

천국 세계가 이렇게 아름답고 황홀한 것은 천국인의 마음이 보시는 바와 같이 아름답고 사랑스럽기 때문입니다. 외부에 보이는 것은 내부의 모양과 일치합니다. 외적 환경은 여기 사는 천국인의 내부의 표현인 것입니다. 겉으로 보시는 아름다움은 모두가 천국의 내면을 거울로 비춰낸 것이라는 말이지요."

사랑, 진리, 도덕의 왕국

안내천사가 설명했다.

"지금까지 보신 제3천국을 천적왕국(天的王國)이라 합니다.

그리고 이 아래에 있는 제2천국을 영적왕국(靈的王國)이라 합니다. 그리고 그 밑에 있는 제1천국을 자연적왕국(自然的王國)이라 합니다. 그리고 천적왕국과 영적왕국, 자연적왕국을 합하여 천계(天界)라고 합니다.

이곳 영계의 통치제도는 영원 군주제도입니다. 천계는 인류의 영원한 마지막 조국이며, 이곳의 왕은 하나님이시요, 주님이십니다. 통치라는 말이 좀 어색하게 느껴질지도 모릅니다. 그러나 사람이 살고 조직이 있는 곳에는 어떤 형태로든지 통치제도가 있게 마련입니다. 지상에 여러 통치 기관이 있는 것과 같지요. 다만 천국의 통치방법은 지상과 180도 다를 뿐입니다. 하나님과 천국백성의 관계는 군주와 신하인 동시에 아버지와 자식의 관계이며, 그 통치의 근본원리는 사랑과 진리입니다."

천사는 다시 말을 이었다.

"위에 말한 3대 왕국이 어떻게 다르며 구별되는지를 말하자면, 천적왕국은 사랑의 화신체가 된 영인들이 사는 곳이고, 영적왕국은 진리가 더 중심이 되는 천국입니다. 그리고 자연적왕국은 지상에서 종교 없이 양심과 도덕을 지키고 산 사람들이 가는 곳입니다.

천적왕국은 하나님의 사랑을 직감적으로 느끼고 실천하는

천사들이 사는 곳으로 이를 '사랑의 왕국'이라고도 합니다. 영적 왕국은 먼저 이성으로 진리를 받아들이고 이해하여 그 진리를 실천하는 천사들이 사는 곳입니다. 여기는 하나님의 진리를 이

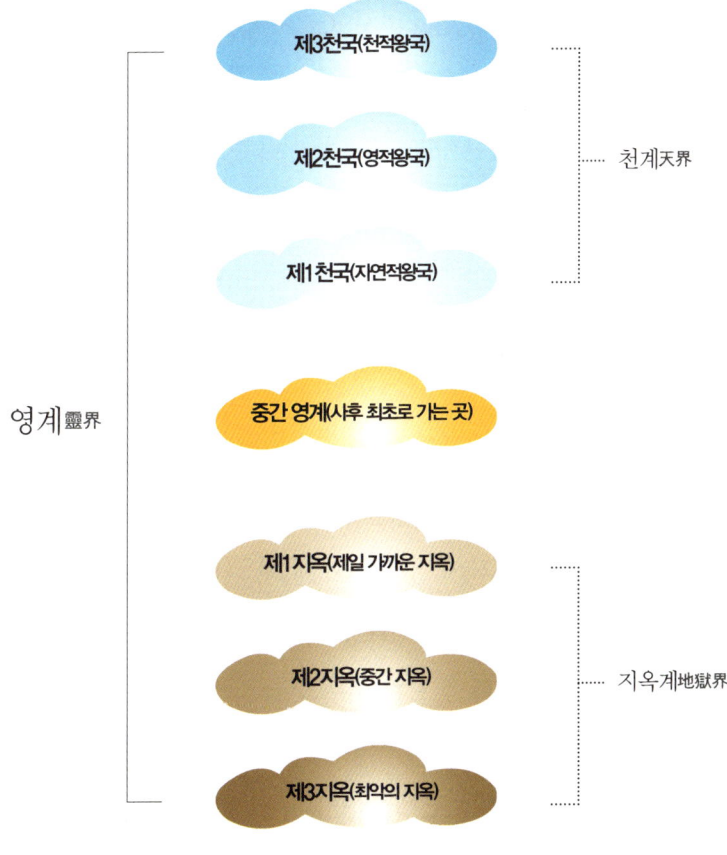

입체적 영계 구조도

지적으로 이해한 사람들이 들어가는 곳으로, 그래서 '진리의 왕국'이라고도 합니다.

바꾸어 말하면, 천적왕국은 하나님의 뜻을 직감적으로 받아들여 사랑을 행하는 '사랑의 화신체'가 된 영인들이 사는 곳이요, 영적왕국은 이성을 통해 먼저 진리를 이해하고 행하는 '진리의 화신체'가 된 영인들이 사는 곳입니다.

또 제1천국을 자연적왕국이라 함은 이곳이 지상세계와 가장 비슷한 세계이기 때문입니다. 그렇다고 물질적 세계는 아니고, 여기도 완전한 영적 세계입니다. 지상에서 종교를 갖지 않고 하나님과 주님도 모르고 살았지만, 양심을 지키고 도덕적인 삶을 살아온 선한 사람들이 와 있는 곳입니다. 하나님과 주님을 모르는 것은 그들의 죄가 아닙니다. 그들은 영계에 들어옴과 동시에 창조주 하나님과 주님에 대한 천국의 교육을 받고, 진리를 깨닫게 됩니다. 그리고 그들은 선영으로 제1천국에 받아들여집니다. 따라서 기독교인만이 천국에 들어간다는 생각은 잘못된 생각입니다. 이 자연적왕국을 '도덕의 왕국'이라고도 합니다.

천계에서는 많은 교육과 수련이 이루어지는데, 모든 교육과 수련은 이성과 진리와 이론에 강한 영적왕국의 천사들이 담당합니다. 그들은 하나님으로부터 제3천국과 제1천국을 자유로이 왕래할 수 있는 특별한 권한을 받은 천사들입니다. 그러나 천국 최고의 영광과 기쁨은 천적왕국에 있습니다."

말을 마치고 안내천사는 앞장 서서 영적왕국으로 내려왔다.

역시 영적왕국은 천적왕국과는 외관상으로 큰 차이가 있었다. 그러나 영적왕국에 있는 천사들도 모두 밝은 표정에, 기쁨과 행복을 구가하고 있었다.

그 다음에 안내천사는 제1천국인 자연적왕국으로 안내했다. 여기도 영적왕국에 비하면 많은 차이가 있었으나 만인이 동경하는 천국인 것만은 틀림없었다.

이 3단계 천국의 차이를 빛으로 설명하면, 제3천국으로 갈수록 더 빛이 충만하고 환하게 빛나는 세상이었다. 그런데 제2천국보다 밝지 않은 제1천국도 지상의 햇빛보다 열 배는 밝은 곳이다. 제1천국만 보고 지상에 내려와도 지상세계는 어둡고 희미하고 그림자 같은 느낌을 받는다.

안내천사는 다시 설명했다.

"이 밑으로 내려가면 '중간영계'가 있습니다. 인간이 사망하면 육신을 벗고 영체가 되어 제일 먼저 들어가는 곳이 바로 이 중간영계입니다. 중간영계는 천계와 지옥의 사이에 있는데, 모든 신참영인들은 중간영계에 와서 영계생활에 적응하며 자기의 진면목을 드러내고, 거기서 최종 거주지인 천국 아니면 지옥으로 떠나게 됩니다."

안내천사는 잠시 후 다시 입을 열었다.

"스베덴보리 씨를 지옥에도 안내하라는 명이 있었습니다. 그러나 지옥에 가려면 특별한 준비가 필요합니다. 지옥은 내일 준비를 다 갖추고 와서 안내해드리겠습니다."

스베덴보리는 안내천사에 감사를 표했다.

스베덴보리는 곧 자기 육신으로 돌아와 일기장을 꺼내 그날의 놀라운 경험을 기술하기 시작했다. 스베덴보리는 자신의 천상 경험을 한 부분도 빼놓지 않고 정확하고 자세하게 기록으로 남겼다.

그곳은 증오와 적의만이 남아

스베덴보리의 지옥 체험을 기술하기 전에 우선 그가 남긴 유명한 말 몇 구절을 인용하겠다.

"지상의 사람들은 지옥을 직접 볼 수 없다는 것이 큰 행운이라는 사실을 알아야 한다. 왜냐하면 그 누구도 지옥의 실상을 직접 보면 미치지 않을 사람이 없기 때문이다. 나 스베덴보리는 천사들의 특별보호 가운데 견딜 수 있었다."

천계와 지옥 양쪽 모두 스베덴보리에게 미칠 정도의 충격을 주는 것은 마찬가지였다. 그러나 천국의 충격은 아름다움과 황홀함과 넘칠 것 같은 기쁨의 충격인 데 반해, 지옥의 충격은 치가 떨리고 몸이 얼어붙는 공포의 충격이었다. 그래서 하나님께서는 지상과 천상에 넘을 수 없는 엄격한 벽을 두시고 양 세계를 분리해 놓으신 것이다.

스베덴보리는 지상사람 중에 천국이나 지옥을 경험하고 돌아와 지상에서의 정상적인 삶을 영위할 수 있는 이는 아무도 없을 것이라 단언했다. 그것은 하늘로부터 사명을 받은 그만이 할 수 있는 일이었다. 그렇기에 우리는 그가 인류 앞에 남긴 '영계저술'을 통해 간접적으로 영계를 아는 것이 최상의 방법인 것이다.

다음 날, 안내천사는 두 명의 천사와 함께 왔다. 스베덴보리는 의아해서 물었다.

"오늘은 왜 이렇게 여러 분이 오셨나요?"

안내천사가 대답했다.

"스베덴보리 씨, 지옥에 가려면 특별한 준비가 필요하기 때문입니다. 오늘은 바로 여기 두 분의 수호천사가 당신을 호위할 것입니다."

"지옥이 그렇게 위험합니까?"

"가보시면 압니다."

지옥으로의 비상은 천계로의 비상과 비교가 되지 않았다. 한없는 사막이 펼쳐져 있는가 하면, 어떤 곳에는 끝없는 빙산이, 그리고 생명의 흔적이라고는 찾아볼 수 없는 바위산맥이 펼쳐져 있었다. 그 살벌하고 삭막한 분위기가 이미 지옥의 느낌을 말해주고 있었다.

드디어 어느 암벽 앞에 섰다. 앞에는 사막과 바위산이 높이 솟아 있었고 아무런 영인의 기척이 없었다.

안내천사는 말했다.

"스베덴보리 씨, 따라오세요. 좀 거친 길을 내려가야 합니다."

스베덴보리가 천사와 함께 암벽 쪽을 향하니, 조금 전까지는 보이지 않던 동굴 문이 열려 있었다. 동굴 안은 몹시 어두웠다. 한참 서서 기다리니 눈이 조금씩 어둠에 익숙해지기 시작했다. 그리고 계단이 보였고, 그 계단을 조심스럽게 내려가니 눈앞에 광장이 나타났다. 처음에는 좁은 광장인 줄 알았는데 자세히 보

니 광장은 사방팔방으로 널리 펼쳐져 있었고, 그 끝은 어두워 보이지 않았다.

그곳을 한참 걸어가니 인기척이 들려왔다. 어둠을 뚫고 가까이 가보니 남루한 의복을 입은 흉한 얼굴의 영인들이 보였다. 그들은 원을 그리고 앉아 중앙에 서 있는 한 거인의 열띤 이야기를 듣고 있었다. 눈이 어둠에 좀 더 익숙해져서 자세히 보니 앉아 있는 영인들 뒤로 이곳 지옥 주민들이 역시 살벌한 모습으로 중앙 거인의 이야기를 듣고 있었다.

스베덴보리는 그들을 자세히 보기 위해 고개를 길게 내밀다 그만 "앗!" 하는 외마디 비명과 동시에 눈을 감고 몸이 휘청하며 쓰러질 뻔했다. 다행히 옆에 있던 수호천사들이 두 팔을 붙들어 부축했다. 스베덴보리는 잠시 후 눈을 뜨고도 한동안 정신이 멍한 상태였다. 이것이 사람의 모습인지 짐승의 모습인지 도대체 구분이 되지 않았기 때문이다.

거기에 둘러앉아 있는 지옥영인들의 눈은 당장이라도 시뻘건 불을 뿜어낼 것만 같았다. 지상에서 마귀니 악마니 하는 소리도 들었고 또 그림으로 그려진 지옥의 모습을 보기도 했지만, 직접 목격한 광경은 상상을 초월했다.

어느 지옥영인도 같은 모습을 한 영인이 없었고, 하나하나가 너무도 기괴한 모습이었다. 어떤 자는 까만 얼굴에 눈알이 움푹 파이고 뼈만 남아 눈구멍이 깊고 어두웠고, 한쪽 볼의 살이 완전히 떨어져 나가 반쪽 얼굴만 하고 있었다. 또 어떤 자는 툭 튀어나온 악마 같은 이빨로 동물과 같은 소리를 내며 크게 웃고 있었고, 어떤 자는 머리가 아예 절반이 없거나 온몸이 털로 가득 덮여 있었다.

그중에서도 제일 무서운 형상의 영인은 둘러앉은 사람들 중앙에 서서 열변을 토하고 있는 거인이었다. 키는 거의 타인의 배 정도나 되고 두 눈이 얼굴의 절반을 덮었으며, 그 눈은 증오와 적의로 가득 차 있었다. 양쪽 귀까지 찢어진 입에서는 새빨간 긴 혓바닥이 뱀의 혀처럼 밖으로 날름거렸고, 그 입으로 미친 듯이 고함을 지르며 무엇인가를 말하고 있었다.

그러한 모습을 목격한 스베덴보리가 느낀 공포와 놀라움은 말로 표현할 수 없었으며, 그제야 왜 자신이 지옥체험을 하는 데 있어 수호천사가 필요한지 알 수 있었다. 스베덴보리는 이를 꽉 물고 아랫배에 힘을 주고 감고 싶은 눈을 다시 부릅떴다. 자신을 이곳에 보낸 사명을 위해서라도 여기서 쓰러질 수는 없다는 각오였다.

안내천사가 그런 스베덴보리를 보며 말했다.

"지금 이들은 신참 지옥영인들을 길들이고 있는 중입니다. 저기 원을 그리고 둘러앉은 자들이 새로 지옥에 입적한 자들이며, 그 뒤에 서 있는 영인들은 본래 이곳의 거주자들입니다."

스베덴보리는 두려움 속에서도 그 중앙 거인이 뭐라고 말하고 있는지 귀를 기울였다. 거인의 쇠를 긁는 듯한 거칠고 투박한 목소리가 동굴 안을 쩌렁쩌렁 울렸다.

"이놈들아! 너희들은 오늘부터 우리 지옥계의 영이 됐다. 너희들은 여기 지옥에서 영원히 살 수 있는 영광을 타고 난 행운아인 것을 아느냐 말이다. 너희들의 사명은 이제부터 우리를 본받아 지상에 있는 많은 인간들을 유혹하여 이 어두운 곳으로 끌고 오는 것이다. 그 일을 잘 하면 너희들은 영원한 삶을 축복으로 받는 거야. 재미도 거기 있고 쾌감도 거기 있다. 그 맛을 알고 나면 네놈들은 이 지옥이 얼마나 좋은 곳인가를 알게 되지. 나는 너희들이 여기 지옥에 온 걸 환영하며 축하인사를 하는 바다!"

원을 그리고 앉아 있던 영인들은 거인의 말에 함성을 지르며 환호했다. 그때 갑자기 거인이 스베덴보리 쪽을 쳐다보고 손가락질하며 외쳤다.

"이놈들아, 저기 서 있는 저놈들을 봐라. 저놈들도 영은 영이

지. 저놈들의 모습이 저렇게 흉악하게 보이지만 놀라지 마라. 저놈 같은 영들을 잡아다가 너희들의 종으로 삼아 마음대로 부려먹는 거야. 저놈들은 이제부터 우리 종이다. 알겠느냐!"

다시 지옥의 영들이 환호성을 지르며 스베덴보리와 안내천사들을 노려보았다. 그러자 그 악마 같은 거인은 스베덴보리를 향하여 다시 손가락질을 하며 외쳤다.

"야, 이놈아! 이리 와! 이 원의 중앙으로 오란 말이야. 내가 너를 좀 검사해 봐야겠다."

스베덴보리는 거인의 말에 공포심과 함께 굴욕감이 절정에 달했다.

악의 화신인 거인은 스베덴보리를 향해 또다시 외쳤다.

"너 이놈! 안 나와? 이리 오라니까! 야 이놈들아! 너희들이 가서 저놈을 잡아오너라!"

거인의 말에 거기 있던 지옥의 영들이 벌떼처럼 스베덴보리를 향해 덤벼들었다.

'아! 내가 이제 죽는구나!'

스베덴보리가 공포에 질려 잔뜩 몸을 움츠리는 순간, 난데없이 천둥소리가 나더니 앞에 있던 바위산이 무너지며 크고 작은 바위들이 하늘로부터 비 오듯이 쏟아졌다. 스베덴보리는 그 무시무시한 광경에 자신도 모르게 "으악!" 하고 비명을 질렀다. 그러자 곁에 있던 안내천사가 미소를 머금은 얼굴로 스베덴보리를 돌아보며 조용히 말했다.

"스베덴보리 씨, 염려 마십시오. 저 작은 지진은 제가 일으킨 것입니다. 저 지옥영들을 쫓기 위해서입니다. 주님은 지옥을 정복했습니다. 지옥의 영들이 아무리 악독하다고 해도 천사나 선한 영 앞에서는 저항을 못합니다. 마치 아침 햇살 아래 이슬과 같습니다. 저들은 절대로 당신을 해칠 수 없으니 걱정하지 마세요. 스베덴보리 씨, 지옥의 힘을 전부 합쳐도 한 사람의 천국천사를 당하지 못합니다. 천사의 눈으로 저들을 응시하기만 해도 꼼짝 못합니다. 더구나 스베덴보리 씨는 하늘의 택함을 받은 분이기 때문에 설령 혼자 온다고 해도 저들은 스베덴보리 씨의 손끝 하나 건드리지 못할 것입니다."

그 말을 듣자 스베덴보리는 조금 안심이 되었다. 스베덴보리의 첫 지옥 경험은 정말 너무나 무섭고 경악스러웠다.

안내천사는 이어서 설명했다.

"여기 지옥도 천국만큼이나 광대무변한 곳이고, 단 한 곳도 똑같은 곳이 없습니다. 지옥도 3층으로 되어 있는데, 지금 여기가 제1지옥이고 한층 더 내려가면 제2지옥이 나오고 그 밑으로 가면 제3지옥이 있습니다. 제1지옥은 지옥 중에 제일 가벼운 지옥입니다. 밑으로 내려갈수록 더 험한 지옥입니다. 제1지옥에 사는 자들을 악령(惡靈)이라 하고, 제2지옥에 사는 자들을 악마(惡魔)라 하고, 제3지옥에 사는 자들을 악귀(惡鬼)라 합니다."

스베덴보리는 정신을 가다듬고 지옥의 현장을 둘러보았다. 천사의 지옥에 대한 설명은 계속되었다.

"지옥은 모든 것이 천국과 정반대입니다. 이곳에서는 선이 악이 되고, 진리가 위선이 되며, 사랑이 증오가 됩니다. 여기 지옥영들은 천계와 천국인들을 적대시합니다. 증오하고 해치려 합니다. 내려가 보면 알겠지만, 이곳 지옥은 자기 욕망이 곧 하나님입니다. 이곳의 즐거움은 남을 해치는 것, 남에게 고통 주는 것, 자신들 지배 아래 들어오지 않는 자를 고문하는 것입니다. 그러나 이곳도 주님의 통치하에 있습니다. 서로 가해하며 즐기는 이곳도 과도한 상해와 고문은 천국천사들에 의해서 금해져 있습니다.

도가 지나친 잔악행위나 고문을 자행하는 자에게는 하늘의 체벌이 내려집니다. 여기는 명예나 체면이나 인정 같은 것이 없는 곳입니다. 저들의 몸을 아프게 하는 것 외에 질서를 유지할 방법이 없습니다. 지옥이야말로 영원한 죽음입니다. 단 하나의 영체도 죽지도 않고 없어지지도 않지만, 사실 지옥은 영원한 영적 죽음이 있는 곳입니다. 스베덴보리 씨, 그럼 이제 제2지옥과 제3지옥으로 내려가 볼까요."

우리의 마음이
천국과 지옥과 같아

일행은 다시 층층대 계단을 한없이 내려가 제2지옥에 도착했다. 그곳에는 연탄불 같은 붉은빛이 희미하게 비치고 있었다. 그때 난데없이 한 괴상망측하게 생긴 지옥영이 튀어나왔다. 그 뒤로 방망이와 괴상한 연장을 든 지옥영들이 쫓아 나와 도망친 영을 붙잡아 갔다. 그리고는 흉폭하고 잔악한 방법으로 고문을 하는 것이었다.

방망이로 치고, 젓가락 같은 막대기를 잇속에 쑤셔 넣고, 송곳으로 콧구멍과 눈을 찌르고……. 그러더니 이번에는 반대편에서 또 다른 지옥영들이 떼거리로 뛰쳐나와 서로 뒤엉켜 무자비한 싸움을 시작했다.

안내천사가 설명했다.

"이 지옥의 고통은 하나님께서 내리시는 형벌이 아닙니다. 서로가 서로를 치고받으며 고통을 줍니다. 지금 보시는 바와 같은 싸움이 지옥 전체에서 하루에도 수천만 번씩 벌어지고 있습니다. 이곳은 자기사랑, 이기주의, 정욕의 만족만이 가득합니다. 여기서는 욕망이 곧 하나님입니다."

다시 한 층을 더 내려가니, 그곳은 꼭 밀림 속과 같았고 짐승과 같은 모습을 한 지옥영들이 있었다. 가장 섬뜩한 것은 뱀과 같은 몸통으로 뱀의 혀를 내두르며 공격의 기회를 노리는 모습이었다. 여기가 제3지옥이요, 여기 거주자들은 모두 악귀에 해당하는 자들이었다.

안내천사가 다시 말했다.

"지옥에서 한 가지 다행한 것이 있습니다. 그것은 하나님과 주님의 자비로 지옥영들 상호간에는 서로가 사람으로 보인다는 것입니다. 짐승이나 괴물로 보이지 않는 거지요. 하지만 오늘 당신이 천계의 눈으로 보신 것이 저들의 실상입니다.

자, 이제 한 곳만 더 안내하겠습니다. 제3지옥은 사막과 연결되어 있는데, 저 무인사막 지하에 특수한 지옥이 있습니다. 음란한 자들을 가두는 곳입니다."

그곳에 이르니 이루 말할 수 없는 악취가 코를 찔렀다. 꼭 인분과 시체에서 뿜어져 나오는 악취와 같아서 구역질이 나 견디기 어려웠다. 스베덴보리는 자신도 모르게 얼굴을 찌푸리며 코를 감싸 쥐어야 했다.

제3지옥의 사막 깊은 곳에는 살아생전에 지상에서 음란을 행한 자들이 격리되어 있었다. 그곳의 지옥영들은 모두 누더기 옷에 반나체였다. 그런데 우리가 상상하는 보통 사람의 신체를 가진 나체가 아니라, 모두가 기형이고 괴이한 모습을 하고 있었으며, 얼굴은 울퉁불퉁 튀어나와 차마 정면으로 마주 보기조차 힘든 흉측한 모습이었다.

거기에 창녀촌이 있었다. 창녀들이 요염한 교태로 지나가는 지옥영들을 유인하고 있었다. 이곳저곳에서 남녀의 괴성이 들리고 이리 쫓고 저리 쫓는 영들이 서로에게 가하는 성적인 폭행! 서로 물고, 뜯고, 할퀴고, 뒹굴고, 밟고……. 이곳은 글자 그대로 지옥 중의 상지옥이었다. 그들은 성적 욕망에 이성을 잃고 광적으로 날뛰고 있었다.

스베덴보리는 안내영인에게 물었다.

"왜 이 음란의 지옥만 이렇게 격리되어 있는 것입니까?"

안내천사의 대답은 심각했다.

"이곳의 지옥영들은 가장 깊은 사막 밑에 묻혀 있습니다. 이 지옥의 뚜껑은 영원히 열리지 않을 것입니다. 한번 열리면 이 악귀들은 모든 지상세계를 망치고도 남을 힘을 가지고 있기 때문입니다.

천국은 천국대로 지상에 영향을 끼치고, 지옥은 지옥대로 지상에 영향을 끼칩니다. 그러나 거기에는 일정한 규칙이 있습니다. 천국천사들이나 지옥악마들이나 지상인의 자유의지를 존중해야 합니다. 이는 꼭 지옥과 천국의 사람 빼앗기 싸움과 같습니다. 사람을 가운데 두고 한쪽에선 천국의 천사가, 또 한쪽에선 지옥의 악마가 사람 빼앗기를 하고 있는 것입니다. 그러나 어느 쪽으로 가느냐는 중간 위치에 있는 인간의 자유의지에 달렸습니다.

지상인간의 마음이 지옥악마의 유혹에 더 끌리면 그 인간은 결국 지옥으로 가고, 천국천사 쪽에 끌리면 천국으로 가게 됩니다. 이 치열한 사람 빼앗기 싸움은 인류역사를 두고 끊임없이 이어져 왔습니다.

여기 지옥에 와 있는 영들이 이곳으로 온 것은 누구의 잘못도 아닙니다. 자진해서 온 것입니다. 아니, 이곳 이외는 갈 곳이 없는 영들입니다. 많은 사람들이 지상에서 지은 죄가 크기 때문에 하나님의 형벌로 여기 지옥에 처넣어졌다고 생각을 합니다만 모두 틀린 말입니다. 이보다 더 큰 오해는 없습니다. 사랑과 자비의 하나님은 누구 하나도 지옥에 떨어지는 것을 원치 않으십니다. 지상에 태어나는 모든 인간들은 천국에 들어갈 수 있는 자격을 가지고 태어납니다. 태어나면서부터 지옥에 운명 지어진 사람은 한 명도 없습니다.

천국은 광대무변합니다. 천국은 인구의 밀도가 조밀하면 조밀할수록 보다 완성도가 높아지는 신비하고 놀라운 곳입니다. 그런데 지상의 과학이 발달하면 할수록 천국에 들어오는 인구가 점점 줄어들었습니다. 현존하는 지상의 물질문명은 천국 가는 데 방해가 되고 있습니다. 지상의 과학은 모두 외적이고 육적인 문명입니다. 하나님은 이것을 크게 슬퍼하고 계십니다. 유아로 죽은 영들이 천국의 주류를 이루고 있다면 믿으시겠습니까.

천국의 최상층은 비어 있습니다. 이 최상층의 천국을 채울 선영들의 출현을 하나님은 아직도 기다리고 계십니다. 아마 그것은 주님께서 지상재림한 후가 될 것 같습니다. 지상에 변화가 와야 합니다. 이곳 영계의 실상과 원리를 지상인간에게 알리는 것 이상으로 그들의 마음의 변화를 촉진할 수 있는 방법이 없습니다. 스베덴보리 씨, 당신이 받은 사명은 인류구원에 너무도 중요합니다. 꼭 성공하셔야 합니다!"

안내천사는 스베덴보리를 통해 지상의 많은 사람들이 변화될 수 있기를 기원했다.

제6장

죽어서 제일 먼저 가는 중간영계

천국천사가 되느냐
지옥영인이 되느냐

스베덴보리가 안내하는 '영계탐방기'에는 천국과 지옥 말고도 '중간영계'라는 중요한 곳이 있다. 중간영계는 사람이 죽으면 제일 먼저 가는 곳이고 천계와 지옥의 중간에 있다고도 했다. 그러니까 중간영계는 천국도 아니고 지옥도 아니다. 특별한 예외의 대상이 있기는 하지만, 사람은 죽으면 반드시 이 중간영계를 거친다. 죽어서 영계로 올라온 영인은 이 중간영계에서 심사를 받고 천국천사가 되느냐 지옥영인이 되느냐가 결정된다.

이 중간영계는 우리가 육신과 함께 살아온 지상세계와 무척 흡사하다. 중간영계의 환경은 지상의 환경과 조금도 다를 것이 없다. 하늘도 있고, 푸른 산과 시냇물도 있고, 더러는 바위산이나 수목이 우거진 곳도 있다. 도시 풍경이나 전원 풍경이 너무 흡사해서 인간이 죽어서 다른 세계에 와 있다는 것을 잊을 정도이다. 게다가 아무리 살펴봐도 지상에 살던 자신과 조금도 달라진 것이 없다. 오관의 감각이 뚜렷하고, 생각이나 판단력이나 모든 감정이 그대로이다.

"이게 어찌된 일이지! 나는 분명히 죽었는데 그게 아니잖아. 나는 살아 있어!"

그래서 자신을 꼬집어본다.

'여전히 아픈 걸 보니 나는 죽지 않았구나! 나는 아직 살아 있구나!'

중간영계에 들어온 대부분의 사람들은 이렇게 착각한다. 스베덴보리가 만났던 죽은 지 15일밖에 안 된 스웨덴의 왕 칼 12세도 그랬다. 이렇게 중간영계는 지상의 환경을 그대로 옮겨 놓은 듯 느낄 수 있는 모든 것이 같다.

스베덴보리는 이 점을 저서에서 여러 번 강조했다. 인간은 한번 지상에 태어나면 영원히 죽지 않는다. 다만 지상에서 수명을 다하면, 마치 옷을 벗듯이 육신을 지상에 벗어 놓고 영계로 이

주하는 것뿐이다. 고치(지상)에서 탈피한 나비(영계)처럼.

중간영계에 온 영인들은 서서히 변화를 깨닫기 시작한다. 보고 싶은 가족을 찾지만 처음에는 어디서도 보이지 않는다. 그러다가 최근에 돌아가셨던 할아버지, 할머니가 나타나고, 얼마 전에 잃은 아들이나 딸이나 부인이 나타난다. 거기서 땅 위에 살아 있는 가족이 아닌 영계에 먼저 갔던 가족들과 만나 재회의 기쁨을 맛보게 된다. 그제야 '아! 내가 지상에 있지 않고 영계에 와 있구나!' 하고 깨닫게 된다.

그 다음은 모습이 조금씩 달라지는 것을 느낀다. 처음 중간영계에 가면 할아버지는 할아버지의 모습, 아버지는 아버지의 모습, 젊은이는 젊은이의 모습, 모두가 지상에서 살던 때와 똑같은 모습을 하고 있다. 즉, 사람이 영체가 된 직후의 모습은 육신만 벗었지 지상에서와 다른 것이 없다. 각자의 영체는 꼭 금형에서 빼낸 주물과도 같이 지상에서의 형태를 그대로 가지고 있다. 그래서 중간영계에서는 가족이나 친구를 알아보기가 쉽다. 그러나 일단 천국이나 지옥에 들어갈 때는 지상에서의 모습이 거의 사라진다. 외부의 자기 형상을 벗고 내부, 즉 자기 마음의 형상으로 변화하기 때문이다.

지상에서 사는 동안은 누구도 자기나 가족 혹은 타인을 마음의 형태로 보지 못한다. 진정한 자신은 사람의 깊은 내부에 숨어 있다. 그래서 지상에 있을 때 천하의 미인이었더라도 그 마음의 형태가 '지옥형'이면 영계에서는 흉물스런 형상으로 모습이 변한다. 반대로 그 마음이 '천국형'일 때는 지상에서는 상상도 못했던 아름다움으로 용모가 바뀌게 된다. 외부가 사라지고 내부가 겉으로 드러나는 것이다.

천계에 들어가는 자는 청춘으로 돌아가기 시작한다. 그래서 중간영계를 떠나 최후의 거주지인 천계나 지옥에 정착하면, 가족도 알아볼 수 없을 만큼 용모가 달라지는 것이다. 그러나 가족이 같은 천계에 와 있으면 상념을 통해 얼마든지 서로 보고 만날 수 있다. 다만 천계와 지옥 간에는 절대로 교통할 수 없고 만날 수도 없다.

한 가족이 큰 참사나 교통사고로 같이 사망했을 경우, 중간영계에서는 모두 같이 한 가족으로 어울려 생활한다. 그리고 어린아이들은 끝까지 엄마나 아빠와 함께 있고 싶어 한다. 그러나 중간영계에서는 모두 3단계를 거치는데, 이때 변화가 일어난다. 제1단계, 제2단계를 거치는 동안 그들의 영적인 진면목이 확연히 드러나게 된다. 이와 함께 점점 지상에서 맺었던 가족의 유대가 약해지고 새로운 영적 유대관계가 형성된다. 그래서 가족 모두가 천계에서 같은 공동체에 정착하는 경우는 많지 않다.

부부라도 죽는 시기가 다를 수밖에 없다. 같이 운명하는 경우는 사고 이외에는 거의 없다. 그렇지만 시간차를 두고 사망했더라도 부부는 중간영계에서 반드시 다시 만난다. 그러면 서로 반가워하고 기뻐하며 마음이 맞으면 중간영계의 제1단계를 다시 부부로 같이 산다. 그런데 제2단계에 이르면 그 부부의 본성이 드러난다.

지상에서 결혼애로 살고 영적으로 하나가 되었으며 순결을 지켜온 부부는 천국 부부로서 그대로 천계로 직행하지만, 그렇지 못한 부부는 제2단계에 이르러서는 원수지간이 되기도 하고 서로에게 흥미를 잃기도 한다. 이들은 자연히 헤어지게 되어 따로따로 자기 갈 길을 간다. 거기서부터는 이미 부부가 아니다.

육체를 벗고 영적인 실체로

육체를 벗은 영들이 중간영계에 들어와서 겪는 3단계는 다음과 같다. 외부의 상태가 벗겨지는 1단계, 내부의 상태가 드러나는 2단계, 천계에 들어가기 위한 교육을 받는 3단계이다.

제1단계는 외부상태가 벗겨지는 단계이다. 인간이 지상에 살 때도 내부와 외부가 있었다. 외부는 육체요, 내부는 영체이다. 그런데 죽어서 영계에 가면 그 육체를 벗고 완전히 영적인 실체로 들어간다. 그러나 막 영계에 도착했을 때는 지상에서와 똑같은 몸을 가진다.

중간영계의 제1단계에서도 내부와 외부가 있다. 내부는 물론 순수한 영체이다. 그런데 여기서의 외부는 육체를 가지고 살았을 당시 육체와 하나 되기 위해 가지고 있던 영적인 외부를 말한다. 그래서 중간영계에 와서도 이 외부가 내부를 가리고 있어 순수한 내부가 금방 드러나지 않는 것이다. 그래서 제1단계는 이 영적인 외부가 벗겨지는 단계이며, 이는 마치 거울 위에 오랫동안 붙어 있던 먼지와 때를 벗겨내어 맑은 거울이 완전히 드러나게 하는 것과 같다.

중간영계에는 방대한 수효의 영인들이 와 있으며, 매일같이 엄청난 숫자의 신참영인들이 지상에서 올라온다. 중간영계에 머무르는 기간은 일정하지 않다. 어떤 영인은 일주일밖에 머무르지 않지만, 어떤 영인은 몇 년을 중간영계에서 머무르기도 한다.

그러나 그 기간이 아무리 길어도 30년을 넘어가지는 않는데, 이것은 중간영계 전체로 보았을 때이고, 제1단계에서는 길어도 일년 이상 머물지 않는다.

그런데 여기에도 특별한 경우가 있다. 어떤 영인은 중간영계에 도착하자마자 기다리고 있던 천사의 안내로 영광의 천국으로 직행한다. 이와 같은 경우는 극히 드물지만, 지상에 있을 때에 완전히 천국의 질서대로 살았다면 가능하다. 그런 영인은 벌써 중간영계에 들어오면서 천국의 빛을 발한다. 그는 이미 땅 위에서 완전한 천국을 살고 있던 사람이다.

그런가 하면 지상에서 내부와 외부가 완전히 악의 덩어리가 된 채 올라오는 영인도 있다. 이렇게 지옥의 악마인 것이 명백할 경우에는 중간영계에서 거쳐야 하는 별도의 절차나 과정 없이 머리는 밑으로, 다리는 위로 하여 즉각 지옥의 밑창으로 떨어진다. 이렇게 거꾸로 된 자세로 떨어지는 이유는 땅 위에서 하나님의 질서를 거꾸로 살았다는 상징이다.

그러면 어떤 사람이 중간영계에 오래 머무를까. 이들은 땅 위에서 겉과 속이 다른 위선적 삶을 산 사람들이다. 그들은 자기 위장술에 능해서 그 내부가 겉으로 드러나지 않는 종류의 영인들이다. 이와 같은 위선적 영인들은 제1단계에 있으면서도 아주 선한 영인인 척하고 내부를 드러내지 않는다. 이들은 결국 천국에서 내려온 검사천사들에 의해 내부가 드러난다.

한번은 스베덴보리가 지상에서 파렴치하게 살고 많은 범죄를 저질렀으면서도 이를 인정하지 않고 선한 영인처럼 자기를 꾸미고 있는 한 영인을 보았다. 검사천사가 그를 투시해 보았더니 그 영인 앞에 그의 유년시절부터의 인생노정이 영화처럼 보였고, 본인조차 기억 못 하는 범죄 사실이 계속 드러났다. 그 많은 범죄 중에 가장 두드러지는 것은 음란과 밀통(密通)의 죄였다. 이 영인은 즉각 지옥으로 보내졌다.

영계에서는 땅 위의 사실이 하나라도 드러나지 않는 것이 없다. 그러면 그것은 누가 어떻게 기록하는 것일까. 영계에 그 많은 컴퓨터가 있을까 하고 생각할 수 있다. 그러나 영계에서는 개인의 생활상을 기록할 필요가 전혀 없다. 영체가 곧 컴퓨터요, 기록 메모리이다. 사람의 일생은 뇌 속에만 기록되는 것이 아니다. 영적인 세포 하나하나에 기록되어 있다. 그래서 검사천사로부터 검사를 당할 때 천사가 보는 것은 머리뿐만이 아니요, 손끝부터 시작하여 발끝까지 모두이다.

선한 것, 악한 것, 죽을 때까지 감추고 있었던 것, 무덤까지 가지고 간다고 맹세했던 비밀들이 모두 백일하에 드러난다. 이처럼 중간영계의 제1단계는 각 영인들의 외부가 벗겨지고 내부가 서서히, 그러나 완전히 드러나는 단계이다. 제2단계는 내부와 외부가 완전히 일치된 투명한 상태에서 가게 된다. 그래서 처음부터 내부와 외부가 같은 사람은 선영과 악령을 막론하고 제1단계에 오래 있지 않으며 곧 진실을 밝히는 제2단계로 옮겨간다.

이처럼 제1단계의 외부의 가면과 가식이 모두 벗겨지는 과정에서 그 용모도 내부의 참모습을 드러낸다. 선한 영인일 경우에는 그 용모가 점점 밝아지고 젊어지고 윤기가 나는 반면, 악한 영인들은 최초에 선하고 아름답게 보였던 용모가 점점 뒤틀어지고 흉측한 형상으로 바뀌어 간다.

그런 현상을 성서의 말씀이 너무도 명확히 정곡을 찔러 설명했다.

"감춰진 것이 드러나지 않는 것이 없고 숨은 것이 알려지지 않을 것이 없나니 그러므로 너희가 어두운 데서 말한 모든 것이 광명한 데서 들리고 너희가 골방에서 귀에 대고 말한 것이 집 위에서 전파되리라."
「누가복음」 12장 2~3절

땅 위에서만
용서 받을 기회가 있다

인간사회는 탁류와 같다. 모든 아름다움과 추악함이 같이 물결치고 있다. 이런 환경 속에서 티 없이 맑고 완전무결하게 천국의 질서대로 살 수 있는 사람은 드물다. 인간은 타의든 자의든 살아가면서 크고 작은 잘못을 저지르게 되어 있다. 땅 위에 살면서 죄인이 아닌 자가 있을 수 없는 것이다. 그래서 예수 그리스도께서도 '나는 죄인을 구하러 왔노라'라고 한 것이다.

그런데 인간이 지상에서 저지른 크고 작은 죄를 용서받을 수 있는 곳도 지상뿐이다. 한번 육신을 벗고 영계에 들어가면 지상에서의 모든 죄는 영원히 지워지지 않는다. 하지만 지상에서 육신을 가지고 있을 때는 뉘우침과 동시에 영생의 기회가 있다.

그래서 구세주께서 육(肉)을 쓰시고 땅 위에 오신 것이다. 인간이 육신을 가지고 있는 이곳에서 진리를 깨닫고 죄를 뉘우치고 회개하여 영생의 길을 가게 하기 위함이었다. 인간의 죄를 땅 위에서 정화하여서 천국에 갈 수 있도록 하기 위한 자비와 사랑이었다.

그래서 예수 그리스도의 첫 복음이 "회개하라! 천국이 가까웠느니라!"인 것이다. 기회는 땅 위에 있다. 육신을 벗은 뒤에는 회개와 영생의 기회가 없다.

그래서 여기 지상생활이 대단히 중요한 것이며 지상에서 육신을 입고 있을 때가 바로 '기회'인 것이다. 그러나 자기가 저지른 잘못에 대해 용서를 받으려면 뉘우침이나 참회만 가지고는 안 된다. 뉘우침이 행동으로 옮겨져야 한다. 곧 선을 행해야 한다. 의식적으로 죄를 멀리하고 영생을 위한 노력을 거듭해야 한다.

천계에서는 사랑이 곧 생명이다. 스베덴보리가 한번은 '지상에서 그 사랑의 생명체를 자기 영체에 심지 못한 사람이 영계에 가서 거기서 깨닫고 회개하면 되지 않겠느냐'는 질문을 받았다. 스베덴보리는 이 질문에 대해 영계에 가서 회개하고 운명을 바꾸는 것은 절대로 불가능하다고 말한다.

"죽어서 영계에 가면 하나님 가까이 갔으니 하나님의 진리를 받아들이기 쉬운 상태에 있는 것이 아니냐 하고 믿었던 사람이 있었습니다. 천사들한테 하나님 진리를 듣고 그대로 믿고 생활을 바꾸면 그로 말미암아 천계에 그냥 받아들여지리라고 믿었던 것입니다. 수많은 영인과 천사들과 교류한 경험에서 나는 분명히 말합니다. 죽은 뒤에 회개와 영생은 결단코 없습니다. 역사이래 영계에 가서 운명을 바꾼 자는 단 한 사람도 없습니다."

기회는 지상에만 있다. 지상에서 육신을 가지고 있는 동안만이 회개와 영생의 유일한 기회이다. 죄를 청산할 수 있는 유일한 기회란 말이다. 영계에 가서 지옥에 갈 운명이었는데 운이 좋아 천국에 가고, 천국에 갈 운명이었는데 운이 나빠 지옥에 간 예는 지금껏 단 한 번도 없었다.

스베덴보리는 아래와 같은 말로 이 주제를 마감했다.

"지옥의 영인을 천계의 천사로 바꾸는 것은 부엉이를 비둘기로, 지렁이를 극락조로 만드는 것보다 어렵다."

하늘나라에는 공짜가 없다. 천국은 지상에서 각자가 '벌어서' 들어가는 곳이다.

역사에 아주 극적인 예가 하나 있다. 예수께서 골고다의 산정에서 십자가에 매달렸을 때, 거기에 두 명의 강도가 예수님 오른편과 왼편에 같이 매달렸다. 그때 왼편에 있던 강도는 가운데 매달리신 예수님을 조롱했다.

"당신이 구세주라면 왜 자기 자신도 못 구하느냐? 당신이 정말 구세주라면 내려와 우리를 구해 봐라. 구세주라더니 꼴 참 좋다!"

그러나 오른편에 달린 강도는 왼쪽 강도를 크게 꾸짖었다.

"이놈아! 너와 나는 죽을 수밖에 없는 죄인이다. 그러나 이분은 무슨 죄가 있으시냐. 어찌 네가 감히 이 어른을 조롱하느냐!"

그리고 오른편 강도는 예수님을 향하여 말했다.

"주여! 이 죄인을 긍휼히 여기소서! 하늘나라에 가실 때 이 죄 많은 죄인을 기억해 주소서!"

예수님은 오른쪽 강도를 돌아보며 말했다.

"너는 오늘 나와 더불어 낙원에 있으리라."

역사에 예수님을 모시고 제일 먼저 천국에 들어간 사람은 수제자 베드로도 아니요, 사도 바울도 아니었다. 바로 예수님 오른편에 매달렸던 강도였다. 그는 살인강도로서 지옥에 가도 백번 마땅한 자였다. 그러나 그는 회개와 영생의 마지막 기회를 포착한 것이다. 그가 주님과 같이 낙원에 들어갈 수 있었던 것은, 아직 육신이 살아 있을 때 주님을 만나고 진심으로 회개했기 때문이다.

육신은 기회이다. 육신은 지상에서만 가지고 사는 우리의 외적인 몸일 뿐이지만, 그 육신이 곧 기회인 것이다. 그래서 우리는 지상생활이 기회인 것을 깨닫고 크고 작은 죄를 회개해야 한다. 그리고 하나님과 주님을 사랑하고 이웃 사랑에 힘써 산다면 그 죄는 지상에서 깨끗이 정화되는 것이다.

지상에서 회개하고 영생에 힘쓰는 자는 지상에서 이미 천국의 삶을 살기 시작한 자이다. 땅 위에서 벌써 천국인인 것이다. 그가 죽으면 어디에 가겠는가. 지상천국에서 천상천국으로 직행하는 것이다.

지상에서 육신을 가지고 살아갈 때만이 죄를 회개하고 씻을 기회가 있는 것이다.

에덴동산에서 아담과 하와가 하나님의 계명을 어기고 선악과를 따먹고 타락한 후 그들은 자기네 몸이 벌거벗은 것을 깨닫고 무화과나무 잎사귀로 치부를 가렸다. 그 후 타락의 후예들은 이 타락성을 유전 받아 태어났다. 따라서 인간은 본능적으로 자신의 치부를 가리고 명예를 앞에 내세우며 살려고 한다. 세상 사람들 가운데는 자신만이 알고 있는 개인적인 수치스러운 비밀을 무덤까지 가지고 가리라 맹세하고 사는 사람이 많다.

예수께서 한번은 유대 서기관들과 바리새인들을 크게 질타한 적이 있다.

"화 있을 진저 외식하는 서기관과 바리새인들이여. 회(灰)칠한 무덤 같으니 겉으로는 아름답게 보이나 그 안에는 죽은 사람의 뼈와 모든 더러운 것이 가득하니라."

「마태복음」 23장 27절

    이렇듯 지상의 일생은 죽은 후 삶에 심각한 영향을 끼친다. 그렇다고 백 퍼센트 하나님을 믿고 구세주를 받아들여야만 천국 간다는 이야기는 아니다. 물론 하나님을 믿고 주님을 받아들이는 것이 최상이지만, 세계의 모든 종교가 하늘의 질서를 가르치고 있으며 간접적으로 창조주 하나님을 증거하고 있으니 거기에도 천국 가는 길이 있다.

    천국은 기독교만의 전유물이 아니다. 지상에서 하나님을 모르고 살아온 사람들을 위해서도 하늘은 무관심하지 않다. 세상에는 종교를 갖지 않고 살아가는 사람들이 훨씬 많다. 그래서 하나님은 인간을 창조하시면서 인간 각자의 가슴속에 양심을 심어주었다. 양심은 하나님께서 파송한 '하나님의 사자'이다. 양심은 천국으로 가는 길을 가르치고 있다. 그래서 미개한 땅 산간벽지에 있으면서도 양심의 법도를 따라 양심을 지키고 살면 천계에 갈 수 있는 길이 열리는 것이다.

    이것이 스베덴보리가 우리에게 전하는 '희망의 메시지'이다.

본연의 모습이 드러나며
겉과 속이 하나가 되다

중간영계에서 제2단계는 영인들의 내부 실체가 낱낱이 드러나는 단계이다. 즉, 그 사람의 마음의 상태가 표면에 나타나는 단계이다. 마음의 상태는 곧 영인의 상태를 말한다. 제1단계에서 모든 외적인 상태가 완전히 벗겨져 그 사람의 본체가 명확하게 드러나면 제2단계가 시작된다. 즉, 영인의 내부와 외부가 동일하고 투명하게 참모습이 백일하에 드러나게 된다.

지상사회에서는 누구나 체면과 예절 같은 외부의 제약을 받기 때문에 속내를 드러내어 행동하지 않는다. 사람들은 자기사랑과 세상사랑이 동기가 되어 음모와 범죄를 꾀할지라도 그것을 표면에 노출시키지 않는다. 사회의 눈, 가족의 눈, 사회적 관행, 여론, 평판, 명예의 손상, 이익의 손상, 법의 처벌에 대한 두려움 등으로 자기의 악한 동기를 쉽게 표출하지 않는다.

때로는 독실한 신자요, 때로는 자비로운 덕망가도 겉과 속이 다른 사람이 있다. 그들은 가식의 껍질을 벗겨 놓고 보면 내부에는 '선한 것'이 아무것도 없다. 하지만 그들의 위장기술이 아무리 철저했다 하더라도 제2단계에 올라오게 되면 그들의 내면상은 적나라하게 드러난다.

중간영계에 가면 모든 사회적 제약이 한꺼번에 걷힌다. 중간영계에는 제일 무서웠던 법의 제약도 없다. 잃어버릴 명예도 없다. 손해 볼 재산도 없다. 완전히 자유롭게 행동할 수 있는 상태에 놓인다. 이런 상태에서 선영과 악령은 어떻게 다르게 행동할까?

영계에 온 선영은 완전한 내부의 상태에 들어가면 꼭 깊은 잠에서 깨어난 사람처럼 느낀다. 그늘에 있다가 빛 속으로 나온 사람의 모습과도 같다. 선 그대로의 내부와 외부가 하나가 된다. 천계의 빛을 받아들인 그는 내부의 이성이 맑아지면서 선의 본심인 내면의 애정으로 행동한다.

이전에는 상상치도 못했던 내면의 지복과 천계의 기쁨이 그의 사고와 사랑 속에 스며든다. 그것은 천계의 천사들과의 교류에서 오는 기쁨인데, 그는 벌써 천국의 천사들과 교류를 하고 있는 것이다. 그 단계에서 이미 천국을 맛보고 있는 것이다. 그 이상 더 기쁘고 행복할 수가 없다.

지상에서 느꼈던 형식과 체면과 예절의 제약에서 완전히 풀려나니 자유롭게 하나님을 찬미하게 되고 하늘의 사랑에 잠기게 된다. 그 사랑의 깊이와 넓이는 땅에서는 상상할 수도 없는 극치의 것이며, 완전한 자유 속에서 이웃 사랑을 마음껏 실천한다.

외부의 간섭을 받지 않고 육신의 제약도 없으니 느끼는 감성이 훨씬 예민해지고 강해진다. 이와 같은 예민한 감성에서 천국의 기쁨을 처음으로 맛보니 그야말로 하늘로 올라가는 흥분과 황홀감을 느끼게 된다.

그런데 악인은 선영의 경우와 정반대의 현상을 보인다. 그는 양심으로 살지도 않았고 내심 하나님도 부인하여 왔다. 제1단계에 있을 때는 하나님을 믿는 것처럼 자기를 위장할 수 있었으나, 제2단계에서는 사회의 두려웠던 모든 제약이 확 풀리니 미친 자처럼 인간 이하의 행동을 하기 시작한다. 그의 형상은 괴물과도 같고 사람의 얼굴은 하고 있으되 사실은 짐승에 더 가까워진다.

그는 내면에 숨기고 있던 자기사랑의 욕망을 분출한다. 주위 사람들을 경멸하고 욕하고 조롱하며 증오와 복수심을 노골적으로 표출한다. 외부의 강제적인 제약이 완전히 풀리니 마음대로 말하고, 자기 하고 싶은 대로 하는 것이다.

거기에는 겨자씨만한 진실도 찾아볼 수 없다. 이 단계에서 그들은 무슨 짓을 저지를지 모른다. 그래서 여기서부터는 천계의 천사들이 선한 영인들을 보호하고, 악한 영인들의 행동이 한계를 넘어갈 때는 즉각 체벌을 내린다.

악령들은 대놓고 하나님을 저주한다. 하나님이라는 말만 들어도 분노하고 이를 간다. 선영이나 천사들을 보면 증오와 적의를 느끼고 복수심에 불탄다. 이 세상에서는 입 밖에도 내지 못하던 말을 공공연히 외치고 그 전에는 숨어서 몰래 했던 일들을 드러내 놓고 행한다. 지상에서 유명했던 인물이라도 명예실추 따위는 안중에도 없다. 악령들의 행동에는 오로지 정글의 법칙만이 살아 움직인다.

진리와 사랑을 몸 안에 가진 자만이

스베덴보리는 중간영계에서 많은 영인을 보았다. 자신의 본연의 모습이 드러나며 더욱 빛나는 자가 있었고, 감추어진 추악함이 드러나 끝내 우매함을 벗지 못하는 영인도 있었다.

간음 행위를 하늘에 배치하는 행위로 생각하여 순결을 지키고, 숭고한 결혼 생활을 하다가 영계에 온 사람이 있었다. 제2단계에 오니 그 결과는 아름다움의 극치로 나타났고, 그 용모는 청춘의 꽃향기를 뿜어냈다. 그는 날이 갈수록 천상의 기쁨과 사랑으로 더욱 충만해져 갔다. 그리고 제3단계에서 짧은 교육을 받은 후에 최고의 천국인 제3천국으로 안내되었다.

지상에서 자기중심적인 삶을 살며 세상을 지배하려는 욕망에 날뛰었던 한 영인이 있었다. 그는 자신의 지위와 권한을 이용하여 명예만을 추구하던 자였다. 그의 직무 이행은 공익을 위한 것이 아니라 그것을 통해 타인보다 자기가 뛰어난 인물이라는 것을 증명하여 세상에 이름을 떨치기 위한 것이었다.

그가 제2단계의 상태에 들어가자 타인과 비교하여 아주 어리석은 자라는 것이 뚜렷이 드러났다. 그는 최악의 악당들과 결탁하여 하나님의 질서를 혼란케 했고, 자기를 추종하지 않는 자는 남김없이 협박하거나 고통을 주었다. 자기를 사랑하면 사랑할수록 천계에서는 멀어지고, 천계에서 멀어지면 멀어질수록 하나님의 지혜와 사랑으로부터 멀어진다. 그는 지옥으로 떨어졌다.

지상에서 종교지도자로 살아오다 죽은 자가 영계에 왔다. 그는 천계와 지옥은 자기들의 지배하에 있고, 자기는 죄를 용서할 수 있는 권한이 있다고 생각했다. 그의 광기는 극에 달하여 자기는 하나님의 신성을 가지고 있으며, 자신이 '그리스도'라고 말했다. 그가 침투하는 곳에는 동요가 일어나고, 흑암이 급습하는 듯한 공포가 일었다. 이를 검사한 천사는 그 악령의 발아래 땅을 갈라 틈이 생기게 하더니 그 자리에서 그를 거꾸로 세워 지옥에 떨어지게 했다.

지상에서 유식한 학자였던 한 영인은 창조가 하나님으로부터 된 것이 아니고 자연의 힘에서 온 것이라 하면서 하나님의 신성과 교회, 천계의 진리를 강하게 부정하다가 제2단계로 왔다.

그는 동류 영인들을 규합하여 작당하더니 자기를 따르면 누구나 신이 되고 신의 영광을 갖는다고 사람을 속이려 했다. 그들은 마술자의 영인을 예배하고 있었는데, 그 중에는 이 세상에서 지위가 높았던 자, 학자, 지식인, 예언가까지 있었다.

이들은 천계에서 내려오는 진리와 사랑에는 꽉 막힌 자들이었다. 이들을 아무런 제약 없이 자유로이 풀어 놓으면 무슨 짓을 할지 몰랐다. 검사천사들은 그들을 즉각 지옥으로 떨어뜨려 격리시켰다.

자신은 지식인이요, 하나님의 말씀과 교회의 교리를 배웠으니 당연히 천국에 들어가 타인들보다 특별한 대우를 받을 것이라고 '김칫국을 마신' 자가 있었다. 그는 스스로가 천국에 가서도 별처럼 빛날 것이라고 확신하고 있었다.

그가 검사천사로부터 검사를 받았는데 곧 그의 지식은 기억에만 있고 영적으로 생명 속에 깊이 뿌리 내린 지식이 아닌 것이 밝혀졌다. 그의 지식은 죽은 지식이었다. 그것은 자기주장을 정당화하고 거짓 진리를 입증하는 데 쓰이는 교만의 지식이었다.

천사는 그에게 "당신의 지식은 당신의 몸에 묻은 때와 같은 것이오."라고 말하고 곧바로 지옥으로 보냈다.

한 영인은 신앙의 교만에 꽉 차 있었다.

"나 같은 사람이 가지 못한다면 그게 어디 천국이요. 내가 못 가는 천국이 무슨 천국이란 말이요!"

그는 자신은 독실한 기독교 신자요, 일생을 기도와 난행고행의 수도생활을 해왔다며 꼭 천국에 갈 것이라고 호언장담했다.

검사천사는 그를 신앙의 교만으로부터 해방시키기 위해 제일 낮은 천국으로 안내했다. 제1천국의 어느 공동체에 간 것이다. 그런데 그는 공동체의 입구에 들어서자마자 천계의 빛을 받고는 순간적으로 눈이 멀고 이성이 혼미해져 죽을 것 같은 고통을 느끼기 시작했다. 천상의 사랑에서 오는 열을 몸에 받기 시작하면서 내부가 타는 것 같은 고통을 느낀 것이다. 그는 제1천국을 견디지 못하고 원위치로 와서야 숨을 쉴 수 있었다.

검사천사가 그에게 말했다.

"왜 천계에 보내드렸는데 그냥 오셨소. 천계가 어떤 곳인지 이제 아시겠습니까. 천계는 누가 보내준다고 들어가는 곳이 아닙니다. 진리와 사랑을 몸 안에 가진 자만이 그 천계의 빛과 열을 감당할 수 있는 것입니다. 사랑이 없는 신앙은 신앙이 아닙니다. 사랑을 겸비한 신앙만이 천계에 갈 수 있는 자격을 갖추게 합니다. 다시 한 번 가보시겠습니까? 천국은 누구도 들어오는 것을 막지 않습니다."

"아, 아닙니다. 제발 제가 갈 수 있는 곳으로 어서 보내 주십시오."

그는 그제야 천계의 원리를 깨달은 듯 펄쩍 뛰는 것이었다.

이렇게 중간영계의 제2단계에서는 명확히 착한 영과 악한 영이 나누어진다. 여기까지 오면 벌써 땅 위에서의 여러 가지 유대나 인연이 아무런 영향을 미치지 못한다. 땅 위에서 누렸던 모든 지위와 권력과 명성도 무용지물이 된다. 오직 자신의 변화된 영체만이 모든 것을 설명한다. 여기에 무슨 재판이 필요하며 무슨 항소가 필요하겠는가. 이 천국과 지옥의 갈림길은 누가 강제로 정하는 것이 아니다. 제2단계에 오면 스스로 자기의 갈 방향을 정하여 그곳으로 가고 있는 것이다.

선한 영들은 천계로, 악한 영들은 지옥으로 자기에게 맞는 곳에 자연히 끌리게 마련이다. 누구도 천국행과 지옥행을 선고하지 않는다. 이것이 바로 성서가 말하는 곡식과 가라지를 가르는 것이다.

> "둘 다 추수 때까지 함께 자라게 두라. 추수 때에 내가 추수꾼들에게 말하기를 가라지는 먼저 거두어 불사르게 단으로 묶고 곡식은 모아 내 곳간에 넣으라 하리라."
> 「마태복음」 13장 30절

그런데 여기서 반드시 알아둘 것이 있다. 제2단계에서는 선영이 됐든 악령이 됐든 '설익은 과일'로서는 절대로 수확하지 않는다는 것이다. 선영은 선영대로 마지막까지 선의 결정체가 되어야 하고, 악령은 악령대로 마지막까지 악의 결정체가 되기를 기다린다는 것이다. 말하자면 제2단계는 선이나 악이 확실히 결실하는 곳이다. 그래서 이 단계의 체류기간이 제1단계보다 훨씬 긴 것이다.

일단 영인의 지상생활이 기복이 있고 여러 가지 크고 작은 잘못이 있더라도, 그 대세가 선한 일생을 살던 사람이라면 그는 선한 쪽으로 방향을 잡는다. 그의 중심적 사랑이 선 쪽으로 우세하면 그는 지상에서 잘못이 있다 할지라도 벌을 받지 않는다.

그들의 악은 되돌아오지 않고 소멸된다. 그들이 저지른 악은 그 사람의 본질과는 이질적이었던 것이 알려진다. 진리에 반하는 의도로 행해진 잘못이라 할지라도 그 동기가 악에 뿌리를 둔 것이 아니고 양친으로부터의 유전으로 몸에 밴 것일 수가 있다. 그 잘못은 맹목적, 순간적, 환경적 동기에서 일어난 것이기 때문에 그 사람의 악은 점점 소멸되어 간다. 잡다한 악의 불순물은 점점 정화되어 완전히 때를 벗고 선영으로 천계에 들어갈 자격을 갖게 되는 것이다.

그와 마찬가지로 악한 영인도 지상생활의 중심적 사랑이 악한 쪽에 있다 할지라도 약간의 선이 있을 수 있다. 그러면 그 영인은 선이 완전히 소멸될 때까지는 지옥에 떨어지지 않는다. 그러나 시간이 지나면 남을 기만하기 위해 빌려 왔던 선과 진리가 모두 벗겨지고 악과 자기사랑만이 남게 된다.

악령들은 제2단계에 있는 동안 단계적으로 자기가 속해야 할 지옥공동체에 가까이 간다. 그리고 드디어 그 내부의 상태가 악으로 완결되었을 때, 자진해서 동류의 악령이 거주하는 지옥으로 스스로 몸을 던진다.

그래서 지옥에 가는 악령에게는 중간영계의 제3단계는 없다. 하나님은 선이든 악이든 결실할 때까지 기다리고 놔두시는 것이다.

"주인이 가로되 가만두어라. 가라지를 뽑다가 곡식까지 뽑을까 염려하노라. 둘 다 추수 때까지 함께 자라게 두어라."

「마태복음」 13장 29절

천국에 들어가는 교육을 받는 곳

제3단계는 천계에 들어가는 영인이 교육을 받는 단계이다. 지옥에 가는 악령들에게는 제3단계가 없다. 그들에게는 천계의 법도를 가르칠 이유가 없기 때문이다. 이때 천계에 갈 선영들은 제3천국 영인, 제2천국 영인, 제1천국 영인으로 나뉜다.

모든 선영들은 지상에 있을 때 윤리, 도덕상의 선과 진리에 대해서는 이미 많은 지식과 실천의 실적을 가지고 있다. 물론 종교적 경험을 통해 영적인 진리를 체험한 자도 있다. 그러나 그들의 지식과 이해는 각양각색이며 천차만별이다. 그리고 여러 가지 오류가 많다. 왜곡된 진리를 가지고 있는 자도 있다.

그런데 천계의 영적 진리는 일관된 하나님 법도의 진리이다. 제3단계에 온 이들은 천계의 실생활을 경험한 자 곧 천사들로부터 질서 있게 다시 배우게 된다.

다시 말해 하나님 나라의 헌법을 배우는 것이며 천계의 생활 법도를 배우는 것이다. 그런데 이 교육기간은 길지 않다. 왜냐하면 천계의 감성을 가졌기 때문에 짧은 시간에 모든 것을 배우고 이해하게 되기 때문이다.

이 교육은 천계의 여러 사회공동체에서 온 천사들이 담당한다. 그리고 교육의 장소는 특별히 지정되어 있다. 선영들은 개성과 배경에 따라 그에 맞는 개인 교육을 받는다.

지상에 있을 때에 하나님의 이름을 부르지 못했고 예수 그리스도가 구세주이신 것을 모르고 살던 사람들도 천계의 법도와 하나님의 법도에 대한 교육을 받으면 순순히 하나님을 믿고 주 예수 그리스도를 '볼 수 있는 하나님'으로 기쁘게 받아들인다.

양심적 일생을 보낸 사람들은 무학자와 미개인이 대부분이다. 이들은 천성적으로 천진무구한 품성을 가지고 있다. 그 중에 가장 많은 수를 차지하는 것이 아프리카의 영인들이다.

유아기부터 천계에 와 있는 영인들은 잘못된 종교에 휩쓸린 적도 없고, 세상의 악에 노출된 적도 없는 천진무구 바로 그 자체이다. 이들은 세상에 있는 명예나 재물에서 오는 불순물에 오염될 이유도 없다. 그래서 이들만은 제3천국의 최고 천사들이 와서 교육을 시킨다.

지상에서 성인이 되어 천수를 다하고 영계에 온 사람들은 제1천국의 천사들이 교육을 맡는다. 천국에서는 가장 낮은 수준이다. 신참영인들에게는 제1천국천사들의 수준이 더 잘 맞기 때문이다. 너무 고차원적인 천국의 진리는 신참영인들에게는 버겁다. 그러나 어느 부서의 교육이든지 간에 그 근본원리는 변함이 없다. 그것은 하나님 사랑과 이웃 사랑이다.

이슬람교도들은 그들이 흡수할 수 있는 수준에서 가르친다. 이교도들은 그들의 몸에 배어 있는 도덕의 원칙을 통해 하늘의 원리로 인도된다. 사람마다 그들의 이성과 이해력에 맞게 배려된다.

천국의 교육은 지상의 교육과 근본적으로 다르다. 지상에서는 지식을 머릿속에 주입하는 데 반해 천계의 교육은 그들의 생명에 관한 교육이며 배우는 것은 곧 생활에 적용되는 내용들이다. 한마디로 산교육이다. 학위나 자격을 획득하기 위한 교육이 아니라, 그날부터 천계 생활에서 실천해야 하는 산 진리요, 사랑의 진리를 교육 받는 것이다.

지상에서는 대학을 졸업할 때 모두 사각모를 쓰고 가운을 입는다. 이것이 지상의 졸업식이며, 졸업식 후에는 각기 자기가 택한 사회로 나아간다. 천계의 졸업식은 어떤 의미에서 지상의 어떤 졸업식보다 더 화려하고 극적이다. 천계의 졸업식에서는 우선 천국인 후보들에게 자기 급에 맞는 의상을 입힌다. 그 순간 그들은 모두 천사의 칭호를 받는다.

 이 천사의 의상은 각 영위에 따라 조금씩 다르지만 대체로 동일하며, 길게 늘어진 가운의 형태로 백색 비단으로 만들어져 있다. 그리고 그 가운데에는 자기 영위에 해당하는 광채가 난다. 물론 고급 영위에 있을수록 그 광채는 더 찬란하고 눈부시다. 이 천계의 졸업식에는 많은 천계 공동체 천사들이 신참천사들을 안내하기 위해 자리에 참석하고 따뜻한 축하와 환호를 보낸다. 그 때의 신참천사들의 기쁨과 흥분을 상상해 보라.

 졸업식을 마친 영인들은 천계의 경계까지 올라가는데, 거기서부터는 각각 자기가 선택한 천계 사회공동체에 입적한다. 그 공동체는 신참 천계 영인들의 새집이요, 공동체의 천사들은 곧 새 가족들이다. 그들은 새로운 가족의 환영 속에서 충만하고 화려한 환영식을 거쳐 정착하면서 상상도 못할 행복 속에 푹 파묻힌다. 많은 경우 새로 입적하는 신참천사들의 집이 미리 마련되어 있다. 지상에서 꿈꿔왔던 것보다 훨씬 아름답고 훌륭한 주택이다.

　신참천사들은 지상에서는 상상도 못했던 천계의 빛과 사랑 속에서 영원한 조국의 영원한 가족들과 하나가 되어 아름다운 영생을 누리게 된다.

제7장

빛과 열로 이루어진 세계

영계에도 태양이 있다

땅 위의 모든 생명은 태양 없이는 그 생명을 유지할 수 없다. 우주의 역사는 태양으로부터 시작되었다 해도 과언이 아니다. 그러나 이 태양은 어디까지나 물질세계의 태양이다. 자연계의 모든 생명은 태양에서 비롯되었고 자연계의 법칙대로 운행된다. 그러나 영계에는 아무런 영향을 끼치지 못한다. 영계에는 영계의 태양이 있으며 이는 영계에 있는 모든 생명의 원천이다. 땅 위에 있는 자연계의 태양은 영계에 있는 태양의 상응적 태양으로 창조되었다.

영계의 태양이 먼저 있었고, 영계의 태양이 주체이다. 스베덴보리는 영계의 태양이 창조의 원동력이었으며, 하나님과 주님의 상징적 표상이라 했다. 거기엔 생명력이 있으며, 그 오묘하고 전능한 능력은 가히 지상의 태양과는 비교할 수가 없다. 영계와 지상의 모든 창조가 바로 이 영계의 태양으로부터 비롯되었다. 영계의 태양은 바로 하나님의 진리와 사랑 그 자체이다. 천계의 천사들이 영계의 태양을 바라보는 것은 바로 생명의 근원을 바라보는 것이다.

그러나 영계의 태양이 하나님이나 주님 그 자체는 아니다. 주께서 천국에 '보이시는 하나님'으로 나타나실 때가 있다. 스베덴보리도 현현하신 하나님을 뵙는 경험을 했다. 그때 하나님은 사람의 형상을 하고 계셨으며, 용안은 태양과 같이 빛났고, 눈과 같이 흰 주님의 옷에서는 눈부신 광채가 났다고 한다.

성서에 보면 '태초에 모든 창조가 말씀으로 이루어졌다'고 되어 있다. 영계의 태양은 바로 진리요, 진리는 곧 말씀이다. 영계의 모든 광채는 바로 이 영계의 태양이 발원지이다. 영계의 태양은 바로 창조주의 사랑 그 자체이다. 하나님의 본질은 사랑이며 그 사랑은 열로 표현되는데, 이 빛과 열을 받지 않고는 어떤 생명체이든지 한순간도 천계에서 그 생명을 유지하지 못한다.

영계의 모든 영인들은 이 태양과 직결되어 있고 여기서부터 영생을 얻는 것이다. 영계의 태양은 또 진리의 발원지이기 때문에 영인들이 사고할 수 있는 이성을 준다. 그 진리가 영인들의 이성을 밝히고, 그 사랑 곧 열이 생명이 된다.

영계의 태양에는 또 하나의 신비로운 힘이 있는데, 그것을 '영류(靈流)'라 한다. 영계의 태양은 전 영계에 걸쳐 이 영류를 발산한다. 이 영류야말로 신비한 모든 힘의 원천이다. 또한 하나님과 주님께서 영계를 통치하시는 수단이다. 이 영류가 있음으로써 영계 각 계층의 질서가 유지되고, 모든 존재와 생명체가 연결된다. 이 영류가 곧 생명력이요, 초능력이다. 모든 선한 영인들은 이 영류를 받아서 초능력을 발휘할 수 있다.

앞 장에서 지옥에 안내된 스베덴보리가 악령들의 공격을 받았을 때, 지진을 일으켜 악령들로부터 스베덴보리를 방어해 준 그 능력도 안내천사가 가지고 있는 영류를 이용한 것이다. 이 영류야말로 자연계의 태양과 영계의 태양의 근본적 차이일 것이다.

영계 태양의 신비한 힘

영류에는 두 가지 종류가 있다. 하나는 직접영류(直接靈流)이고 다른 하나는 간접영류(間接靈流)이다. 직접영류는 모든 영계의 영인들이 영계의 태양으로부터 직접 받는 영류를 말하고, 간접영류는 이 영류가 먼저 제3천국으로 받아들여져서 차례로 밑으로 내려 보내진 것을 말한다. 간접영류는 전 천계의 단계를 차례차례로 내려와 우선 제1천국에 이르고 거기서 중간영계를 거쳐 지옥에까지 이른다.

그러나 지옥의 영들은 이 영류를 모두 거부한다. 지옥의 악령들은 영계의 태양의 빛과 열, 영류에 노출되면 죽을 것 같은 고통을 느끼기 때문이다. 그래서 지옥의 세계는 암흑의 세계요, 동굴의 세계인 것이다.

간접영류는 천계를 거쳐 지상에 내려온다. 이 간접영류의 종착점은 지상의 인간들이다. 인간들은 아무것도 느끼지 못하면서 살아가고 있지만, 사실은 지상의 모든 것은 모두 영계와 연결되어 있고, 영계의 태양에서 오는 영류로부터 생명을 받고 있는 것이다. 그러나 이것은 오직 간접영류뿐이다. 영계의 영인들이 받는 직접영류는 영계에서만 작용하고 지상에는 내려오지 않는다.

우리는 지금 이 순간에도 간접영류의 생명을 받고 살아간다. 만일 그것이 끊어지면 우리의 생명도 그 순간 끊어진다.

천계의 영인들은 직접영류, 간접영류를 모두 받는다. 간접영류만이 최상 천국에서부터 흐르기 시작하여 전 영계를 꿰뚫어 지상까지 흘러온다. 이와 같이 간접영류는 전 영계를 하나님의 통솔권 안에 묶어 영계의 질서를 일사불란하게 유지한다. 만일 간접영류가 없었다면 영계의 영인들은 제멋대로 흩어질 수도 있었을 것이다.

영계에서 꼭 알아두어야 할 예의가 있는데, 그것은 누구든지 다른 영인의 뒤에 서지 않는 것이다. 영류의 자연스러운 흐름을 방해하기 때문이다. 스베덴보리도 한번은 멋모르고 한 영인의 뒤에 섰다가 전기에 감전된 것 같은 충격에 몇 발자국 뒤로 나가 떨어진 적이 있었다.

지옥영들은 이 영류의 능력 때문에 천계를 침범할 수 없고, 빛 가운데 노출될 수도 없다. 그 빛에 노출되면 짐승처럼, 괴물처럼 변해버린 실상이 드러난다. 그래서 영계의 태양에서 흐르는 영류는 지옥을 제압하고 질서를 유지하는 통솔수단이기도 한 것이다.

영류는 모든 천사들에게 영계 특유의 초능력을 부여한다. 그 하나가 영인들의 상념(想念)의 힘이다. 곧 생각의 힘인데, 영계에

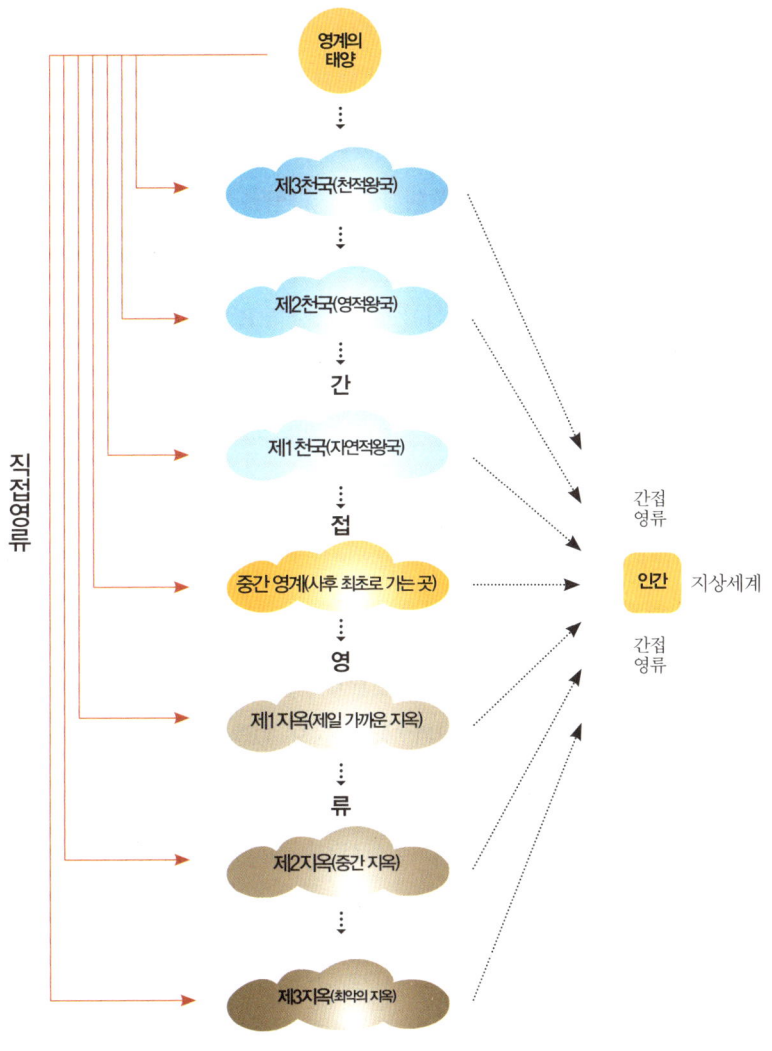

직접영류, 간접영류의 흐름

서는 이 생각의 힘이 만능이다.

영계의 모든 통신은 생각의 대화로 이루어진다. 지상의 어떤 특정한 나라의 언어나 문자가 아닌 영류의 은덕으로 상념을 통해 자유자재로 통신하고 대화하는 것이다. 영인들은 서로 마주 보기만 해도 상대방의 생각을 꿰뚫어볼 수 있다. 그러니 지상에서 매일 죽어 올라오는 신참 영을 통솔하고 대화하는 데 영계에 입적하는 첫 순간부터 아무 문제가 없는 것이다.

이 상념의 힘은 지상에 영향을 미치기도 한다. 우리는 모든 예술이 창조라 말하지만, 그 영감은 모두 영계에서 비롯된 것이다. 지상의 모든 문학과 예술은 먼저 영계에 있었던 것이며, 그것이 영류의 영감을 통해 지상에서 재창조된 것이다. 영계의 것이 오리지널이요, 지상의 것이 복사본이라 할 수 있다. 천계의 도서관에는 지상의 모든 도서와 예술작품이 없는 것이 없다. 인류 문명 태초의 기록부터 현재에 이르기까지 모두 완벽하게 보존, 관리되고 있다.

지상의 모든 비밀이 영계에서는 알려지지 않은 것이 없다. 오늘날 지상 문명의 큰 문제점은 서로 거짓과 기만이 통한다는 것이다. 사람이 사람을 속일 수 있고 또 속임을 당할 수 있기 때문에 날마다 수많은 범죄와 비극이 일어난다. 그러나 만일 지상에서도 상념의 힘으로 상대방의 마음을 꿰뚫어볼 수 있다면 우리 사회는 하루아침에 모든 것이 깨끗하게 정화될 것이다. 하지만 불행하게도 지상에서는 이것이 영원히 불가능하다. 그 까닭은 직접영류가 없기 때문이다.

영계에서는 그 누구도 속일 수 없고 또 속임을 당할 자도 없다. 영계에서는 진실만이 통한다. 천국이라면 응당 그래야 하지 않겠는가.

상념의 대화보다 더 신기한 것은 영계에서는 상념의 힘으로 움직인다는 것이다. 생각이 곧 동력(動力)이다. 그 움직이는 속도는 생각의 속도와 같고, 생각의 속도는 '찰나'이다. 따라서 영계의 모든 움직임은 찰나에 일어난다. 광속보다 빠른 속도가 생각의 속도이다. 생각하는 순간에 바로 거기 가 있다.

예를 들면, 오래전에 타계하신 할아버지를 만나고 싶다고 생각하는 순간, 몸은 벌써 그 앞에 가 있는 것이다. 이렇게 상념의 힘으로 움직이기 때문에 영계에서는 거리에 대한 개념이 없다.

스베덴보리의 안내천사가 천국을 안내하기 위해 지상에 왔을 때, 처음 스베덴보리를 부를 때는 수억만 리 떨어진 천계에 있었기 때문에 그 소리가 멀리서 들렸다. 그러나 다음 순간에 벌써 안내천사는 그 수억만 리를 여행하여 스베덴보리 침대 옆에 와 있었다. 그래서 안내천사는 깜짝 놀란 스베덴보리에게 "당신도 곧 이 원리를 알게 될 것이오." 하고 의미심장한 대답을 한 것이다.

이 영계의 '상념 만능의 원리'를 알면, 영계에서는 통신수단이나 교통수단이 하나도 필요 없다는 것을 깨닫게 된다. 오늘날 우리가 자랑하는 21세기 과학문명이 영계에 아무 도움도 줄 수 없다는 데 오히려 서글픔을 느낄 정도이다.

그러니 영계에 비행기가 필요하겠는가. 주말 교통 혼잡이 있을까. 바다는 있어도 그 바다에 띄울 '퀸엘리자베스Ⅱ'와 같은 호화 기선은 필요 없다. 텔레비전은 어떨까. 영계에서는 무엇을 보고 싶다고 생각하면 곧 그 영상이 눈앞에 화면으로 나타난다. 그러니 방송국 또한 필요가 없다. 또 그 세계에 대기오염이나 유류파동, 유가폭등이 있을까. 증권시장이 있을까. 은행이 있을까.

그렇다면 오페라 하우스는 어떨까? 물론 있다. 그것도 최고급으로 웅장하고 화려하게 말이다.

영계에는 '시간과 공간'이란 개념이 없다

이렇게 상념의 힘이 만능이면 거리가 존재하지 않는다. 거리가 존재하지 않는 세계에는 공간이란 개념도 없다. 그렇다고 영계에 공간이 없는 것은 아니다. 물론 자연세계의 공간이 아닌 영적 세계의 공간이다. 영계는 광대무변하다. 그러니 그 감각은 자연세계나 마찬가지이다.

영계에는 광활한 평야와 사막과 바다와 산과 계곡들이 다 있다. 그러나 그것이 멀다, 가깝다 하는 감각으로 느껴지지 않는다. 느낄 것은 다 느끼고 아름다운 영적 자연을 즐기면서도 그것이 공간이다, 거리가 있다 하는 감각으로 느껴지지 않는 것이다.

생각이 간절하면 가깝고, 생각에 멀면 그것이 먼 것이다. 그러니 우리의 지리적 감각으로 어느 만큼의 넓이와 부피를 가진 세계인지 생각해서는 안 되는 곳, 그곳이 바로 영계이다. 그러나 그 세계는 실체이다. 그 '생생함'에 비하면 지상의 모든 존재는 조잡하고 그림자 같고 등잔불 밑에 존재하는 것과 같다.

영계의 삶 가운데 지상에 사는 사람들이 가장 이해하기 어려운 대목이 '영계에는 시간이 없다'는 것이다. 그러나 영원하려면 당연히 시간적 개념을 초월해야 할 것이다. 다만 그것을 납득하기가 어렵다. 지상의 사람들에게는 모든 삶이 시간적 개념에 존재하기 때문이다. 그러나 스베덴보리의 증언은 영인들은 시간을 의식하지 못하고 산다는 것이다. 그러니 시계도 필요 없다.

자연계는 모든 것이 물질로 구성되어 있어서 시간과 더불어 늙고 마모되고 따라서 수명이 있다. 이에 반하여 영계는 시간에 영향을 받지 않는다. 영계의 모든 것은 늙지도 마모되지도 녹슬지도 않는 영원한 실체로 되어 있다. 그래서 인간의 영체도 청춘 전성기의 상태로 영원히 그 생명을 유지할 수 있는 것이다.

지상에서 우리 인간은 시간의 존재와 환경 속에 살고 있다. 지구는 자전하여 24시간에 한 바퀴를 돌고, 공전하여 1년 $365\frac{1}{4}$일 동안 태양을 한 바퀴 돈다. 또, 지구의 경사 때문에 춘하추동이 생기고 이것이 계속 반복된다. 여기서 시간이라는 개념이 생기고 그 반복 패턴을 계산하여 년, 월, 일, 시가 생기게 된다.

그리고 인생은 유한하여 잘 살아야 백 년을 살고 죽게 되는 것이다. 인간이 모두 지상 백 년 후에 영원히 소멸된다면 사실은 그보다 더 비참하고 허무한 것이 없을 것이다. 태어나 살면서 죽도록 일하다 보면 벌써 갈 날이 닥친다. 지상 백 년은 영원에서 보면 찰나도 못 된다.

만일 인간이 영혼이라는 영적인 생명 없이 동물처럼 육신으로만 살고 만다면, 하나님이 인간을 지상에 살게 하시는 것은 감옥에서 형을 살게 하는 것과 마찬가지일 것이다. 흔히 인생을 고해(苦海)라고 하듯이 고생만 하다가 가는 것이다.

창조주는 그러한 분이 아니다. 인간의 지상 백 년은 훈련을 통한 인격테스트 기간이요, 영원한 삶을 준비할 수 있도록 주어진 시간이다. 하나님은 지상에서의 삶의 성적에 따라 영원하고 풍요롭고 기쁨에 넘치는 영생을 누릴 수 있도록 준비해 놓으셨다.

영계에는 시간 대신에 상태의 변화가 있다. 아침, 점심, 저녁의 시간이 있는 것이 아니라 아침을 느끼는 아침의 상태, 점심을 느끼는 점심의 상태, 저녁을 느끼는 저녁의 상태가 있다.

계절도 마찬가지이다. 영계에서도 봄, 여름, 가을, 겨울을 느낀다. 그것은 상태의 변화로써 느끼는 것이다. 그러나 밤은 없다. 밤은 어둠의 상징이고 어둠은 지옥의 전유물이기 때문이다. 황혼의 상태도 있고 새벽의 상태도 있지만 밤은 없다. 우리가 시간에서 느끼는 감각을 영인들은 상태의 변화로 느낀다.

사랑의 성취도에 따라
결정되는 천계의 의식주

세상을 살다보면 가장 큰 어려움이 두 가지 있다. 가난과 질병이다. 그런데 예로부터 '가난은 나라도 구제 못한다'는 말이 있다. 인류가 이렇게 유구한 역사를 이어오면서도 가난처럼 세상을 살기 어렵게 만든 원흉도 없을 것이다.

   지금은 많이 나아졌지만 예전에는 사는 것은 밥 먹는 것이고, 인생은 그 밥을 버는 일이었다. 먹고 살 수 있으면 그래도 성공한 인생이었다.

   지상에서는 아직도 많은 나라가 가난 속에서 헐벗고 굶주리고 있다. 그런데 놀랍게도 천계는 의식주 문제가 완전히 해결된 세계이다. 이 한 가지만 가지고도 그곳은 천국이기에 충분하지 않겠는가.

   혹자는 이렇게 생각할 수도 있을 것이다.

   '그 많은 천계의 인구에게 영원히 그들의 의식주를 해결해 주다니 그게 가능한 일일까. 그러면 날마다 식량배급을 위해 줄을 서는 것이 아닌가.'

   아니다. 하나님이 제공하는 의식주는 무한정이다. 천계 인구 모두가 풍요롭게 최고의 문화생활을 영위할 수 있고, 그 양은 각자가 원하는 만큼 제공된다. 그리고 쓰다 남거나 쓰지 않게 되면 폐기물이 되는 것이 아니라 그대로 천국 창고에 다시 에너지화하여 돌아간다.

그런데 천계가 정의롭고 공평한 사회인 것은 틀림이 없다만, 평등한 사회는 아니다. 천국과 지옥이 있는 것과 마찬가지로 천계에도 엄연한 계급이 존재한다. 지상에서 사회의 계층은 개인의 지식, 능력, 학벌, 재산, 지도역량 등으로 결정되지만, 천계에서는 오로지 한 가지 기준에 의해 계급이 생긴다.

그 한 가지 기준은 바로 '사랑의 성취도'이다. 그 사람이 지상에 살면서 하나님 사랑과 이웃 사랑을 얼마나 실천하고 왔느냐 하는 그 한 가지 기준에 의해 영위가 결정된다. 그 영위의 고하에 따라서 천사 각자의 사회적 위치가 결정되고, 하늘이 내리시는 은사도 차이가 나게 된다.

영위가 높은 천사는 지도적 위치에 서거나 공동체의 통치자가 된다. 그럴 경우 그 통치자는 궁전에 살게 된다. 그리고 영위의 차이에 따라서 특별한 사명에 천거되기도 하고 의식주도 조금씩 차이가 있다.

사실은 이 제도야말로 참으로 공평무사한 제도이다. 모두가 사랑의 실적에 따라 결정되니 누구라도 수긍하고 기꺼이 순종하지 않을 수 없다. 이렇게 질서정연한 체계 속에서 모두가 만족과 기쁨을 느낀다. 차이가 있다고는 하지만 어느 영위에 있거나 의식주가 부족한 것은 아니다.

의상은 자기 지위에 맞는 아름다운 의상이 원하는 대로 제공된다. 외출할 때나 의식 때는 그 나름대로의 아름다운 예복을 입는다. 때가 묻지도 않고 헤지지도 않기 때문에 천계의 의상은 세탁이 필요 없다. 그리고 입고 싶지 않은 옷은 자연히 '에너지원'으로 돌아간다.

천계의 음식은 천사가 원하는 대로, 곧 생각하는 대로 눈앞에 나타난다. 결핍이라든지 공급 부족이란 것은 있을 수 없다. 또한 하나의 낭비도 없는 세계가 천계이다.

천국을 살펴보던 스베덴보리에게 한번은 이런 일이 있었다. 그가 한 천사의 가정에 들어가 맛있는 과일을 대접받았다. 그런데 그 과일이 어찌나 달고 맛있던지 크게 한 입을 깨물자 그만 과즙이 주르르 흘러 옷에 떨어졌다. 그는 깜짝 놀라 미안한 얼굴로 주인 천사를 바라보았다.

그러자 천사는 얼굴 가득 웃음을 머금으며 말했다.

"스베덴보리 씨, 염려 마십시오."

그 순간 옷으로 흘러내렸던 과즙은 자국을 남긴 흔적도 없이 없어졌다. 놀란 스베덴보리에게 주인 천사가 설명해 주었다.

"이곳 천국에서는 낭비란 없습니다. 무엇이든지 필요치 않은 것은 그 즉시 분해되어 '에너지의 원천'으로 돌아갑니다. 그러니 천국에는 쓰레기라는 것이 있을 수 없지요. 옷이나 가구도 더 이상 필요 없다고 생각하는 순간, 에너지의 원천으로 돌아갑니다. 그런가 하면 '이런 옷을 입었으면' 하고 생각하면, 입고 있던 옷이 그 옷으로 바뀌거나 옷장 안에 걸려 있는 것을 볼 수 있습니다. 이것은 이 세상 어떤 마술사도 할 수 없는 일이지요. 그러니 이 천계에서 옷에 때가 묻어 세탁을 하는 일이 있을까요."

천국의 주택은 지상에서는 상상할 수 없는 정교함과 화려함을 갖추었다. 주택의 모양과 형태는 지상의 고급주택과 다를 것이 없다. 거기에는 현관이 있고 거실이 있고 부엌이 있고 식당이 있으며, 침실과 방이 취향에 따라 여러 개 있다. 그리고 정원이 있고 수목이 있고 포도원도 같이 있다.

이 같은 주택이 어떻게 지어졌을까. 지상에서의 건축 과정 방식으로 한다면 궁전 하나를 짓는 데 수십 년이 걸릴 것이다. 그러나 천계에서는 건축도 생각으로 이루어진다. 공동체 안에는 전문건축사들이 있어서 자기가 생각하는 건축물을 실현하는 데 도움을 준다.

그리고 한번 거주하기 시작한 주택도 취향에 따라 얼마든지 순간적으로 바꿀 수 있다. 한국식 가옥에 살고 싶다고 생각하면 한국식 고전 가옥을, 일본식 주택을 원한다면 완전한 일본식 주택을 가질 수 있고, 프랑스 루이 16세 시대의 가구를 갖고 싶다고 생각하면 곧 그 꿈이 이루어진다.

천계 주택의 호화찬란함은 제3천국, 제2천국, 제1천국으로 내려오면서 많이 떨어지기는 하지만, 어느 곳이든 의식주가 무한정 공급된다는 원칙은 다름이 없다.

그것이 지옥까지 내려오면 주택이 동굴이 되고 그 안은 오물과 악취로 꽉 차게 된다. 지옥영이 규칙을 어겼을 때 내려지는 형벌 중의 하나는 음식 공급을 끊는 것이다.

영계에서 표현되는 모든 외형, 곧 의식주와 환경은 모두 그 곳 영인들의 마음의 표현이다. 천국의 아름다움과 풍요로움은 거기 사는 천국천사들의 마음이 하나님 사랑에 넘치고 이웃 사랑에 넘쳐흐르는 그 내면의 표현으로 나타난다. 휘황찬란한 외관은 곧 그들의 마음의 거울인 것이다.

지옥영인의 참상은 하나님과 주님께서 그들을 벌하기 위해 그렇게 창조한 것이 아니라, 바로 거기 사는 지옥주민의 마음상태가 그렇다는 것이다. 그래서 누구도 원망할 자가 없는 것이다. 천국인은 지상에서 천국을 벌어서 간 것이요, 지옥영은 지상에서 그 지옥을 벌어가지고 간 것이다.

여기서 우리가 심각하게 생각할 것은, 지상생활은 길어야 백년인데 영계생활은 영원하다는 것이다. 현명한 자는 지상에서 그 영원한 천국을 버는 데 백 년을 투자한다. 그러나 우매하고 어리석은 자는 지상 백 년 동안 자신의 이익과 향락을 추구하다 영원한 천국을 잃어버린다. 사람들은 정말로 현명한 지상의 삶이 어떤 것인가 깨달아야 한다. 그 깨달음을 돕기 위해 하늘이 스베덴보리를 택해 영계의 모든 실상을 지상 사람들에게 알리게 한 것이다. 이는 진정한 하나님의 사랑이다.

우리는 지상에서 의식주 문제를 해결하기 위해 많은 시간을 소비한다. 그런데 의식주 문제를 걱정할 필요가 없는 천계에서는 그 많은 나머지 시간을 무엇을 하며 살까. 할 일이 없는 것이 아닌가 걱정이 될지 모르겠다. 그러나 걱정할 필요 없다. 혹자는 천국 가서 낮잠이나 실컷 자야겠다고 생각할지도 모른다. 그러나 아마 그럴 시간이 없을 것이다. 천계의 생활이 너무 기쁘고 즐겁고 재미있어서 말이다.

천국에는 실직자가 없다

지상에서 살다보면 기분이 상쾌하고 명랑할 때가 있는 반면, 침울하고 우울한 때도 있다. 마찬가지로 천국의 생활이라 해서 그 감정이 평행선과 직선만 유지하는 것은 아니다. 천사들도 하나님의 사랑, 주님의 사랑에 눈물을 흘릴 정도로 흥분할 때가 있는가 하면, 저녁의 황혼과 같은 분위기 속에 슬픔을 느낄 때도 있다. 천국천사들의 생활이 천편일률적으로 기쁨 속에만 있다면 그 기쁨은 습관화되어 곧 지루해질 수밖에 없을 것이다.

천계의 영인들도 변화무쌍한 삶을 살아간다. 영력이 저하될 때는 지상에서 가졌던 이기적인 자기사랑의 추억에 빠져들기도 한다. 굴곡 있는 변화무쌍한 삶을 통해 보다 완전함을 향하여 무한히 발전해 나가는 것이다.

천계의 영인들에게는 누구에게나 직장이 할당된다. 이것은 생계를 위한 직장이 아니라 보람과 기쁨을 느끼는 봉사이며 '쓰임새'라고도 한다.

스베덴보리가 천국의 한 영인에게 물었다.

"천국에서는 할 일이 없고 먹고 놀 수 있는 시간이 많아서 좋겠군요?"

그 물음에 대한 천국천사의 대답이 너무도 걸작이다.

"먹고 노는 곳이 천국이라면 그게 지옥이지 어찌 천국이 되겠습니까? 천국은 자기가 평생 하고 싶은 일을 하는 곳입니다. 그것을 '쓰임새'라고 합니다. 천국에서 할 일이 없는 영인은 한 사람도 없습니다. 그들은 모두 쓰임새를 통해 기쁨을 찾고 보람을 찾습니다. 물론 자기 인격 향상과 취미를 위한 시간도 넉넉히 있고요. 가장 중요한 것은 강제성이 없고, 모두 자발적으로 다른 사람을 위해서 봉사하는 데서 큰 기쁨을 얻는다는 것입니다. 스베덴보리 씨, 천국에는 실직자가 한 사람도 없다면 믿으시겠습니까?"

그러면 천계에 그 많은 시간을 쓸 수 있는 공익사업이나 봉사활동이 그렇게 많을까. 광대무변한 영계를 운영하고 질서정연한 사회를 유지하는 데는 엄청난 노동력이 필요하다. 그리고 봉사에는 끝이 없다. 봉사는 하면 할수록 공익에 보탬이 되고, 봉사하는 자에게는 끝이 없는 기쁨과 보람으로 되돌아온다.

천계에서 천사들이 하는 일들을 살펴보면, 어느 조직사회나 공동체에는 반드시 그러하듯이 관리기구가 있다. 천계에는 세 가지의 큰 관리 분야가 있다. 신앙과 정신 관리기구, 민사 관리기구, 가정 관리기구가 그것이다.

신앙과 정신 관리기구에서는 예배당인 '하나님의 집'을 관리 운영하고, 하나님 예배에 관한 모든 업무를 주관한다.

민사 관리기구는 지상의 행정기구와 같다. 각 공동체는 다시 행정구역으로 나누어져 있고 각 부서마다 관리기구가 있다.

가정 관리기구는 천국 사회의 기초인 가정을 관리하는 곳이다. 각 가정의 행복이 곧 전 사회공동체의 행복의 표상이다. 가정 관리기구야말로 천계의 기쁨 관리부서라 할 수 있다.

이 외에도 사회공동체가 할당 받은 사명 분야는 무수히 많다. 유아의 육성교육을 맡은 사회공동체, 성장기의 청소년을 교육 지도하는 사회공동체, 지상에서 천재성을 가졌던 소년소녀들을 영재 전문가로 교육하는 사회공동체, 기독교계에서 입적한 단순하고 선량한 영인들에게 천계의 생활을 준비시키는 사회공동체, 동시에 세계 각 종교에서 온 신앙인들에게 천계의 법도를 교육 지도하는 사회공동체, 지상에서 임종을 맞이하는 인간을 책임지고 영계로 안내하는 사회공동체, 중간영계에 들어온 신참 영인들을 악령의 위험으로부터 보호하는 사회공동체, 미개지에서 온 영인들을 보호 육성하는 사회공동체, 지옥의 치안을 담당하여 지옥영인들이 반란을 일으키거나 과도한 폭력의 남용이 없도록 다스리는 사회공동체 등이 있다.

여기서 특기해야 할 또 하나의 중요한 사회공동체가 있다. 그것은 지상의 모든 인간들에게 수호령을 파송하여 지옥에서 파송된 악령들로부터 지상인간을 보호하고, 어떻게든지 지상인간에게 좋은 영향을 끼쳐 천국인이 되도록 지도하는 사회공동체이다. 이 사회공동체의 임무만 하더라도 그것이 얼마나 방대한 것인가를 알고도 남음이 있을 것이다.

지상인간은 자유의지로 자신의 운명을 결정해야 하므로 그 마음이 선한 쪽으로 기울어지도록 하는 최종 결정만은 인간에게 있음을 명심해야 한다. 그 뒤에는 선영들이 그를 천국 쪽으로 인도한다. 천계에는 사회공동체가 떠맡은 사명과 동시에 중앙에서 천사 개개인에게 직접 특별히 명하는 사명도 있다. 예를 들면, 주님께서 직접 임명하는 '하나님의 집' 설교자 임명이다. 이는 주로 영적왕국의 천사들만이 맡는 직무이다.

그런가 하면 수많은 유아영인들에게 천계의 모친이 되어 주고 그들을 사랑으로 기르고 가르치는 교모의 임무는 반드시 제3천국 최고 천사들이 담당한다.

그밖에 각종 예술분야를 가르치고 육성하는 사회가 있다. 예술의 원형은 모두 천계에 있다고 말했다. 천계는 예술의 세계이다. 지상에서 인간의 감성 감화에 예술이 큰 역할을 하듯이, 천계에서도 예술을 떠난 생활은 생각할 수가 없다.

이처럼 다양한 쓰임새를 놓고 천사들은 원하는 시간에 자기가 원하는 만큼 쓰임새를 감당한다. 여기에는 강요가 있을 수 없다. 쓰임새에서 유용한 역할을 수행하는 것이 모든 천사들의 보람이요, 기쁨이기 때문이다.

이와 같이 천사 각자가 희구하고 달성하려는 목표는 '한 사람의 행복이 만인의 행복이요, 만인의 행복이 한 사람의 행복이다'라는 이념의 구현이다.

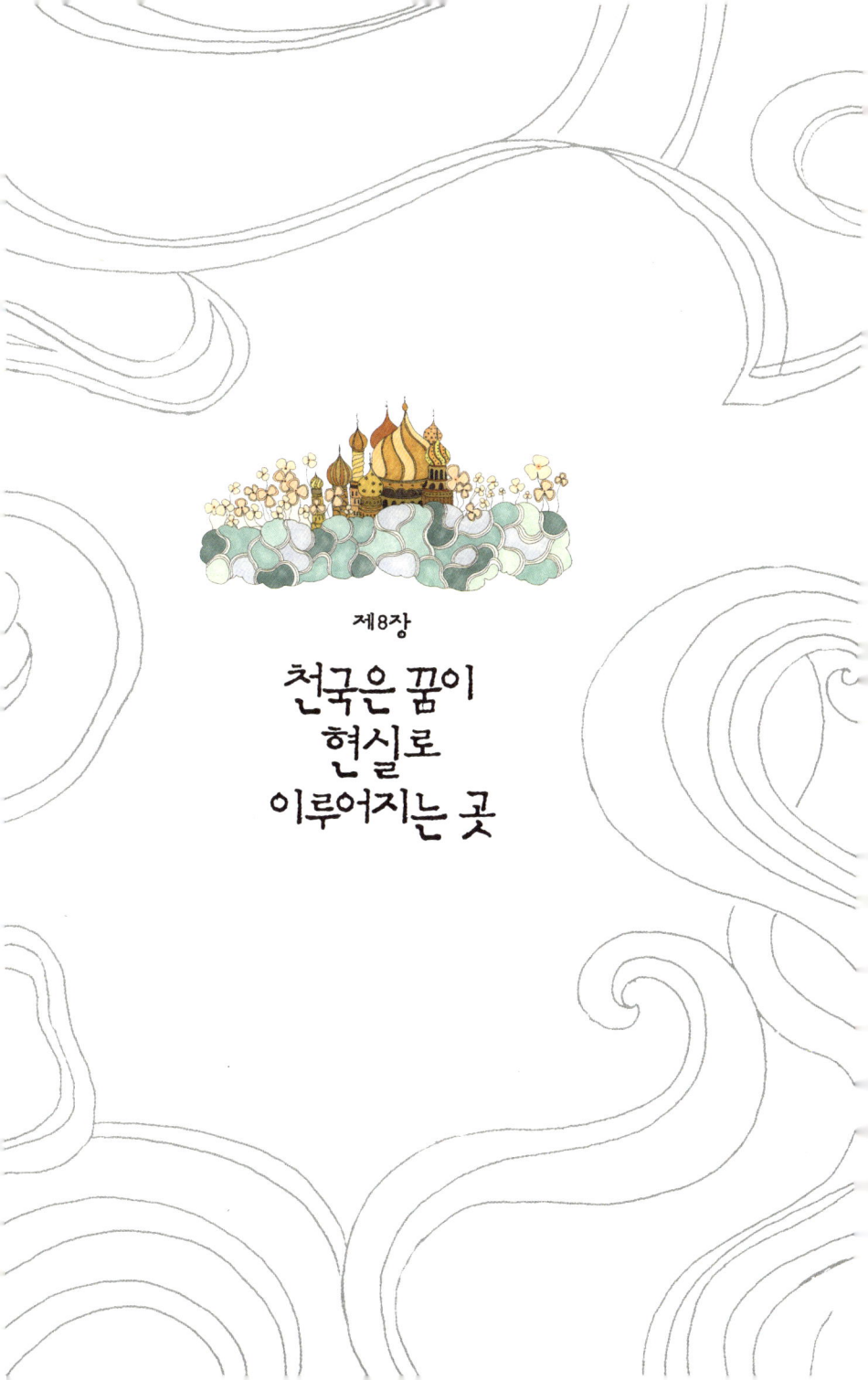

제8장

천국은 꿈이 현실로 이루어지는 곳

누가 천국에 가는가

스베덴보리가 알려준 천국은 정말 이상사회이다. 얼마나 많은 지도자들이 지상에서 이상사회를 꿈꿔왔는가. 그러나 지금까지 그 누구도 지상에서의 이상사회를 구현하지 못했다. 지상에서의 이상사회 실현은 멀고도 요원한 숙제이다. 그래서 우리는 이상사회를 꿈에나 있는 사회로 생각해 왔다. 그러나 천국은 인간이 생각할 수 있고, 그려볼 수 있고, 꿈꿀 수 있는 이상사회이다. 이 이상사회인 천국을 묘사하는 데 스베덴보리는 여러 번 한숨을 내쉬었다. 그 이유는 우리가 가지고 있는 지상의 언어로는 도저히 천국의 실상을 표현하기가 어려웠기 때문이다. 스베덴보리는 고민했다. 그리고 우선 이렇게 시작했다.

"사람은 모두 행복을 희구한다. 행복은 곧 기쁨이다. 사람이 갖은 노력을 다하여 행복을 추구하는 것은 결국은 기쁨을 누리기 위해서이다. 돈을 버는 것도, 명예를 추구하는 것도, 지위와 권력을 탐하는 것도, 예술을 추구하는 것도 알고 보면 모두 끝에 가서 기쁨과 행복을 얻고자 하는 것이다."

스베덴보리의 증언에 의하면, 천국은 한마디로 기쁨이 넘쳐흐르는 세계이다. 순간순간 기쁨의 충동이 항상 넘쳐나는 새로운 세계이다. 그런데 문제는 천국의 기쁨은 지상에서 생각하는 그런 물질적, 외형적 기쁨이 아니라는 것이다. 지상에서 우리가 가진 개념으로는 생각이 너무 조잡하고 얕아서 아무도 그 기쁨의 실상을 파악할 수가 없다는 것이다.

인간이 영인이 되어 천국에 가서 느끼는 기쁨, 그것이야말로 진정한 기쁨이다. 체험이 아니고는 천국의 기쁨은 알기가 어렵다. 지상에서 육으로 느끼는 기쁨, 그것은 진정한 기쁨이 아니라 쾌락이다. 향락이다. 지상에서 느끼는 모든 기쁨은 천국의 것이 아니며, 인간이 지상에서 육신을 벗음과 동시에 모두 사라진다. 영적으로 느끼는 기쁨만이 진정한 기쁨인 것이다.

천국을 주관하는 원칙은 한마디로 이타적(利他的) 사랑이다.

하나님과 주님의 사랑의 본질은 바로 이것이다. 그래서 천계는 다음 구호가 온전하게 실천되는 곳이다.

"한 사람의 행복이 만인의 행복, 만인의 행복이 한 사람의 행복!"

천계는 천사 하나하나가 전체를 위해 있고, 전체는 개개 천사의 행복을 위해 있다. 그리고 이와 같은 천국 사회를 이루는 원칙은 천사 하나하나가 다음 계명을 철두철미하게 실천하는 데 있다.

"네 마음을 다하고 목숨을 다하고 뜻을 다하여 너희 주 하나님을 사랑하라. 그리고 네 이웃을 네 몸과 같이 사랑하라."
「마태복음」 22장 37~39절

위 계명은 주께서 땅 위에 오셔서 주신 가장 큰 계명이다.

여기서 참다운 형제애가 흐른다. 이웃 사랑은 곧 형제애이다. 사해동포(四海同胞)주의이다. 이 원리에서 이상사회가 출현하는 것이다. 그 세계에서 투쟁을 찾을 수 있을까. 시기와 질투를 찾을 수 있을까. 경쟁을 찾을 수 있을까. 없다. 그것이 바로 천국사회요, 그 사회가 바로 이상사회인 것이다.

스베덴보리는 이 꿈같은 현실이 그대로 실현되고 있는 곳이 천국이라 했다.

이와 같은 천국사회의 모델이 지상에도 있다. 그러나 우리 지상사회가 그렇다는 것은 아니다. 그 모델은 바로 우리 몸이다. 우리 몸은 적어도 60조 이상의 세포로 되어 있다고 한다. 이 많은 세포 하나하나는 독립적 기능을 가지고 있다. 그런데 우리 몸의 세포 사이에 서로 싸움이 있는가. 세포 간에 시기와 질투가 있을까. 몸의 세포 하나하나는 각각 맡은 바 임무를 수행하면서 몸 전체의 복지를 위해 일한다. 몸 전체는 하나하나의 세포가 기능을 다하도록 존재한다. 세포 간에 어디 개인주의가 있으며 경쟁이 있으며 시기질투가 있는가. 거기에는 오직 전체 몸을 위한 조화와 상호협조가 있을 따름이다.

어째서 우리 몸 안에서는 이것이 가능한 것일까. 그것은 모든 세포가 신경에 의해 뇌와 연결되어 있고, 뇌는 일사불란한 하나의 통수계통을 가지고 있기 때문이다. 그러니 60조나 되는 세포라 하더라도 어느 것 하나도 중앙의 통수계통에서 이탈될 수가 없다. 뇌, 즉 중앙통수계통은 전체의 복지를 위해 명령을 내린다. 두뇌는 하나님의 자리요, 세포 하나하나는 인간의 자리이다.

오른팔이 왼팔과 싸우는 일은 없다. 손이 발을 보고 냄새나고 더럽다고 피하는 일도 없다. 발이 더러우면 손이 닦아준다. 벌이 날아와 머리를 쏘려고 하면 두뇌는 눈을 통해 그 정보를 보고 받아 오른팔에 명하여 벌에게 일격을 가하게 한다. 우스운 광경을 눈이 봤을 때 웃는 것은 입이다. 음악은 귀가 듣는데 감동의 눈물은 눈에서 흐른다. 이 모든 것은 모두가 전체를 위해 일하고 그 결과가 모두가 좋아하는 이상임을 의미한다. 이것이야말로 완전한 통일과 조화를 이룬 사회이다. 이것이 인체에서 가능한 것은 '하나는 전체요 전체는 하나'라는 조화가 있기 때문이다. 모두가 공동의 이익을 위해 일하고 협조하는 것은 한 통수계통에 연결되어 있기 때문에 가능한 것이다. 이 원리가 천계에서는 그대로 실현되고 있는 것이다.

어떻게 하면 천국에 갈 수 있는가

모든 영인은 하나님과 주님의 사랑의 그릇이다. 하나님의 사랑이 무한대일지라도 자기 그릇의 크기 만큼밖에 하늘의 사랑을 받지 못한다. 천국의 천사들은 그 사랑의 그릇이 커서 하나님의 사랑을 듬뿍 받을 수 있다. 하나님으로부터 받는 사랑의 크기가 곧 그 천사의 천국에서의 가치요, 영위인 것이다. 그 그릇의 크기에 따라 영계의 계급 혹은 영위가 결정된다.

그런데 지옥영인들은 하나님의 사랑을 받을 수 없는 그릇을 갖고 있는 영인들이다. 지옥영인들에게 들려 있는 것은 오직 자기사랑의 이기적인 그릇뿐이다. 즉 악의 그릇이 있을 뿐이다. 그러니 거기에는 하나님의 사랑이 담겨질 수가 없다.

하나님의 사랑을 받는 그릇은 지상생활에서 만들어지는 것이다. 이것이 곧 영체의 성장이다. 영체는 사랑이라는 양식을 먹고 자란다. 지상에서 하나님과 이웃에 대한 사랑을 많이 실천할수록 그 사랑의 그릇이 커진다. 지상에서 자기가 사랑을 준 것만큼 천국에서 사랑을 받을 수 있다는 것이다.

여기에 천국으로 가는 비결이 있다. 천국에 가기 위해서는 지상에서 사는 동안 주님의 큰 두 계명 '하나님 사랑과 이웃 사랑'을 실천해야 한다. 그 실적이 곧 내 영체에

쌓이며, 천국에 가서 하나님의 사랑을 받는 그릇의 크기와 규모를 결정한다. 그리고 영체가 육체를 벗고 본연의 영체로 천국에 들어갈 때, 그 영체가 바로 자신의 사랑의 형태요, 하나님의 사랑을 받는 그릇이 되는 것이다.

지옥의 영인은 어떤 것일까. 지옥의 영인들은 땅 위에 있을 때 하늘사랑을 조금도 실천해 보지 못한 사람이다. 오로지 자기사랑의 그릇만 키운 영인들이다. 그래서 영계에 가면 흉악한 악의 그릇만 남고, 거기에 계속 자기사랑과 욕망만을 채우려 하는 것이다.

천국에는 또 하나의 절대적 가치가 있다. 그것은 천진무구(天眞無垢)한 인격이다. 천진무구란 눈과 같이 희고 한 점의 때도 없는 순진함을 말하며, 이것이야말로 천국에 갈 수 있는 중요한 요소이다.

주께서도 "너희가 어린아이와 같지 아니하면 천국에 들어갈 수 없느니라."라고 했다. 그러나 유아의 천진무구는 외적인 순진성이며 지상에서 죄 가운데 노출이 안 되었다는 것뿐이지, 그 순진성이 곧 천국의 순진성은 아니다.

그 순진성에 사랑을 입히고 의지와 이성을 입혀 옳고 그른 것, 선과 악을 분별할 수 있는 판단력을 갖춘 순진성, 그것이 하늘나라의 천진무구이다. 천진무구로 태어나서 천진무구로 죽어야 잘 살다 간 인생이다.

누구나 태어날 땐 유아로 태어나니 천진무구한 상태로 태어난다. 그러나 이것은 외적인 천진무구이다. 소년기, 청년기, 장년기를 거치면서 그 인생은 온갖 경험을 다 하게 된다. 유전 악에 의한 유혹도 받는다. 가난에도 시달린다. 인생에서 쓴맛과 단맛, 눈물과 환호를 다 경험한다. 그러면서 인격이 형성되어 간다.

그 인생항로에서 선과 악의 골목길을 무수히 드나든다. 산전수전 다 겪는 인생항로에서 반드시 하늘 쪽의 선한 인도도 받게 된다. 그러는 동안에 인생노선이 선한 쪽으로 들어서고 반드시 하나님을 아는 기회가 생긴다. 그리고 노년기에 들면서 그의 양심이 하늘 앞에 굳건히 서고 다시 어린애로 돌아가기 시작한다. 이제는 옳은 판단력과 이성을 갖추었으면서 그 마음은 점점 어린아이처럼 된다. 행동이나 마음이 어린아이 같이 되는 것이나 기억력을 잃어가는 것이나 가족에게 의존하는 것이나 모두가 다시 한 번 유아 상태로 돌아간다.

어린아이 같다는 말은 속과 겉이 똑같다는 것이다. 다시 말하면, 가식이 없는 것이다. 이런 사람은 천국 길의 정도를 걸어온 사람이며, 죽어서 반드시 천국으로 들어간다.

누에가 성장할 때는 뽕잎을 소나기가 내리는 소리가 날 정도로 왕성하게 먹으며 검푸르게 자란다. 그러나 고치를 지을 때가 되면 먹지 않고 오물을 모두 배설하여 몸이 아주 투명해진다. 그리고 비단실로 고치를 짓는다. 나비로 다시 환생하기 위한 준비를 마치는 것이다. 이 상태가 바로 죽기 전의 천진무구이다.

반면, 산전수전을 겪으면서 악한 지혜가 발달되고 자기중심의 향락에 빠져 버리면, 그는 참사랑의 그릇이 커질 기회를 잃고 악의 그릇만 커진 채 영계로 가게 되니, 그것이 곧 지옥인 것이다.

믿음만으로, 지식만으로 천국에 갈 수 없다

스베덴보리가 한번은 미개민족의 영인들이 모여 살고 있는 천국의 한 지역을 방문했다. 그들과 토론하는 가운데 가장 인상 깊었던 것은 믿음만으로는 천국에 올 수 없다는 중대한 진리를 깨달은 것이다. 믿음이 있다 하는 단계는 어디까지나 지적 단계에 그친다. 그것만 가지고는 사랑의 화신체가 될 수 없다. 그 믿음이 의지 속에 작용하여 선한 행동으로 변화될 때, 믿음은 사랑의 열매를 맺는다. 이것을 '행동하는 신앙'이라 말한다. 사랑과 신앙은 둘이 아니고 하나인 것이다. 아니 반드시 하나가 되어야 한다.

미개민족들은 천국에서 글자 그대로 천진무구하고 단순명쾌한 삶을 살고 있었다. 그들은 지상에서 배움이 없는 소박한 생을 살던 무리였다. 그러나 그들의 모습은 아름답고 광채가 났다. 스베덴보리에게 큰 인상을 남긴 것은 미개인이었던 그들이 지상에서 가졌던 촌스러운 외면은 완전히 벗어 버리고, 인격적으로 문화적으로 최고의 천국에 살고 있다는 사실이었다.

지상에 있을 때는 일자무식이었던 그들이 천국에서는 다년간 천사들의 지도를 받아 이성은 밝게 계발되고, 지상의 유명한 학자들보다도 지적 수준이 높아진 것이다.

만약 지상에서 높이 이름을 떨쳤다는 학자라도 그들의 지식이 남을 위한 것이 아니고 그저 자신의 지식으로만 남아 있다면 이 외적인 지식은 천국에서는 아무런 가치가 없다. 많은 지상의 학자들이나 종교지도자들은 그들이 지상에서 쌓은 학식과 사회적 지위와 명성으로 틀림없이 천국에 들어갈 것으로 생각한다. 그러나 이것은 아주 큰 오산이다. 지상의 명예와 명성은 대부분 오만을 낳는다. 오만한 자는 천진무구할 수 없다. 어린아이 같을 수가 없다.

그리고 그들의 지식이 영적인 성장에 기여하지 못하는 한 그 지식은 죽은 지식이요, 천국에서는 한 푼의 가치도 없다. 하물며 많은 천국의 질서와 원칙, 창조주의 사랑, 그리고 천국적 사랑에 역행하는 학설을 견지하는 학자도 많다. 그럴 경우 그들은 오히려 지옥에 더 가까이 가 있는 것이다.

스베덴보리는 천국에서 유명한 과학자 뉴턴Newton을 만났다. 그는 과학자였지만 최고의 천국에서 천국천사들의 존경과 사랑을 받으며 살고 있었다. 그는 지상에서 경건히 하나님을 믿었고, 인류를 사랑하는 동기에서 과학에 전념했던 대학자였다. 그런가 하면 평생 하나님을 믿고 가르치는 것이 직업이었던 중세의 교황들과 목사 중에 지옥에 있는 자도 많았다.

이것은 무엇을 말해주고 있는가. 결국 위에서 설명한 가치, 곧 그들의 사랑이 이타적 참사랑이었느냐, 이기적 자기사랑이었느냐, 그리고 그들이 천진무구했느냐, 오만불손했느냐에 따라 천국행과 지옥행이 갈린다는 것이다.

천국은 지상에서 가치를 부여하는 모든 것을 부정한다. 이타적인 사랑과 천진무구함과 순결은 빼놓고 말이다. 지상의 명예, 학식, 부유, 지위, 권력 이런 것들이 전혀 고려되지 않는 곳이 천계요, 영계이다. 천국은 하늘에 있어도, 천국 가는 길은 땅에 있다. 얼마나 오묘한 창조주의 법도인가.

천계에서 거짓과 위선은 설 자리가 없다

인간은 지상에 사는 동안 가면을 쓰고 살기 일쑤이다. 내가 진실로 인격적인 사람인가 하는 것보다 남들이 나를 어떻게 보느냐에 더 큰 비중을 둔다. 형식과 겉모습에 치중하며, 속과는 다른 가면을 쓰고 살고 있는 것이다.

신앙생활을 하는 신자 중에도 남에게 보이기 위한 신앙, 명성과 존경을 받기 위한 전시적 신앙을 가진 사람이 많다. 자기사랑에서 오는 자기 드러내기 신앙이다. 이 같은 사람은 위선자이다. 그들은 많은 사람의 박수갈채 속에서 살지만 그와 같은 신앙은 영체의 성장과는 손톱만큼도 관계없다. 단지 외면만 그럴듯하게 보일 뿐이다.

지상에서는 이런 가면과 위선이 통할 수 있다. 그러나 영계는 모든 진실이 적나라하게 드러나는 곳이다. 가식과 가면과 위선이 절대 통하지 않는다. 그 사람의 속사람, 영체만이 받아들여진다. 그 영체가 얼마나 사랑의 그릇으로 자랐느냐 하는 것만이 중요하다.

스베덴보리는 지상에서 유명했던 한 목사를 중간영계에서 만났다. 그는 영계에 와서도 유명한 설교가를 자처하고 있었다. 그는 열심히 군중 앞에서 설교를 하고 있었는데, 그의 설교는 꼭 이런 말로 시작했다.

"너희 죄 많은 영들아! 내가 설교하는 신의 가르침을 믿고 신이 바라시는 삶을 살지어다. 그러면 너희들은 신의 용서로 구원을 얻을 것이다. 나는 너희들을 구원하라고 신이 영계로 파견한 사도니라."

그런데 아무도 그의 설교에 귀를 기울이는 자가 없었다. 그는 화가 나서 이렇게 외쳤다.

"너희들은 내가 신의 명령으로 전하는 말씀을 들을 수가 없는 자로다. 너희들이 회개를 아니하면 큰 벌이 내려질 것이다."

그는 무슨 초능력을 동원해서라도 지상에서와 같은 위풍당당한 권위를 보이고 싶어 했다. 그러나 누구도 그의 말에 귀를 기울이지 않았다. 그는 영계가 어떤 곳인지조차 모르고 있었다. 회개와 중생은 인간이 땅 위에 육신을 가지고 있을 때만이 가능한 것이다. 일단 육신을 벗고 결과의 세계에 오면 자기가 지상에서 만들어 가지고 온 사랑의 그릇은 악이 됐든 선이 됐든 일점일획도 바꿀 수 없는 것이다.

그 목사는 한탄했다.

"내가 천하의 유명한 목사인데 왜 나를 몰라주는 거야, 이놈들아!"

사실 그가 지상에서 많은 사람들의 찬사를 받은 것은 그가 그것을 너무 좋아했기 때문이었다. 사람들은 모두 그가 듣기 좋아하는 말을 했지만, 속으로는 오히려 자기도취에 사는 목사를 비웃고 있었다.

"나는 존경받는 유명한 사람인데 내가 천국에 아니 들어가면 누가 간단 말이냐!"

목사는 고래고래 소리를 질러댔다.

이 목사의 모든 지상생활은 자기사랑이 동기가 된 것이었다. 이는 이타적 사랑이 아니라 이기적 사랑이다. 이기적 사랑의 본

산은 지옥이다. 그는 얼마 되지 않아서 지옥으로 떨어졌다.

한번은 스베덴보리가 지상에서 사교계의 여왕으로 주목을 받고 세상을 주름잡다가 영계에 들어온 한 유명한 인사를 만났다. 그녀는 세상에서 사회에 봉사하는 사람, 어려운 사람들을 구제하는 천사로 추앙받던 사람이었다.

그녀는 지상에 있을 때에 아주 복된 자리에 있었다. 절세미인이었고 재산도 많은 사교계의 여왕이었다. 그녀는 표면적으로 나타나는 모든 것에 관심을 집중했다. 그녀의 목적은 오직 하나, 보다 많은 세상 사람들로부터 총애를 받고, 영향력 있는 많은 지도자들과 사귀는 것이었다. 그녀는 유명해지는 일이라면 그것이 사회에 공헌이 되든지 안 되든지 괘념치 않았고 무엇이든지 했다.

교회에서 빈민구제 행사를 주최하면 그녀는 앞장서서 기부하고 봉사도 했다. 그러나 그녀의 본심은 빈민에 대한 사랑이나 동정이 아니라 세상에 자기 평판이 높아지고 유명해지는 것만이 목적이었다. 그녀는 이와 같은 인기와 미모로 세상에 잘났다 하는 일류남성들을 마음껏 농락했다.

그런 그녀가 죽어 영계에 왔다. 영계에서는 그녀의 모든 가면이 벗겨졌다. 그녀는 완벽한 자기사랑의 모델이었으며, 자신의 향락을 위해 남을 이용한 실체가 낱낱이 밝혀졌다. 그 영체는 추하고 악취가 진동하고 나병환자처럼 얼굴에 구멍이 뻥뻥 뚫려 있었다. 그녀는 지상에서 성공한 인생을 살았다고 생각했으나, 영계에 와보니 이타적으로 산 참사랑의 흔적은 어느 한 구석에서도 찾아볼 수가 없었다. 그녀는 즉각 거꾸로 세워져 지옥으로 떨어졌다. 그것도 가장 깊은 최악의 지옥에 말이다.

스베덴보리는 천계에서 이 같은 예를 무수히 많이 목격했고, 특히 사교계의 여왕에서 지옥의 여왕으로 떨어진 이 예는 천국을 이해하는 데 크게 도움을 줄 것이라고 말했다.

천국의 사랑은 동기가 중요하다

같은 선과 사랑을 베풀 때도 '그 동기가 어디에 있었는가'는 천국의 사랑이냐 지옥의 사랑이냐를 결정짓는 중요한 기준이 된다. 그 동기가 마땅히 하나님 사랑과 이웃 사랑에서 비롯된 것이라면 그 행위는 거룩하고 순수하다. 이는 천국적 선이다.

그런데 그 동기가 자기사랑에서 올 수도 있다. 자기의 명예와 명성 그리고 칭찬을 받기 위해서 행하는 선도 많다. 이럴 경우 그 선과 사랑이 아무리 큰 것이라도 그것은 천국에 연결되지 않고 지옥에 연결된다.

우리 사회에는 도덕적 생활을 하는 많은 사람이 있다. 이들의 동기는 두 가지로 나눌 수 있다. 그것이 하나님의 법도이기 때문에 그 도덕률을 지키는 것은 선이다. 그러나 법이 무섭고 사회의 눈이 무섭고 여론이 무서워서 지키는 도덕률은 자기사랑이 동기가 된 것이다. 어느 나라에서도 누구나 지켜야 할 보편적인 법이 있다. 이는 사회질서를 유지하기 위해 절대로 필요한 법들이다.

예를 들면, 아래와 같은 다섯 가지는 세계 모든 나라의 사회와 국가를 이끌어가는 법적, 도덕적 근간을 이루고 있다.

- 살인하지 말라
- 강도 짓을 하지 말라
- 간음하지 말라
- 거짓 증거를 하지 말라
- 남의 재산과 아내를 탐내지 말라

이 다섯 가지는 모세가 하나님으로부터 직접 석판에 새겨 받은 십계명의 내용이기도 한다. 모세가 애굽에서 노예살이 하는 60만 유대인을 이끌고 가나안으로 행군할 때 시내산 꼭대기에 올라가 하나님으로부터 받은 계명이었다. 그 계명은 열 가지였는데, 그 중 다섯이 앞서 말한 보편적 도덕률이다.

왜 하나님은 새삼스럽게 누구나 알고 있는 평범한 진리를 직접 친필로 모세에게 내려주었을까. 그것은 이 법도가 국가와 사회의 법도이기 전에 하나님의 법도인 것을 확인시켜 준 것이다.

그래서 천국인이 되려면 이 십계명을 하나님의 법도로 알고 지켜야 한다. 나라의 법이기 전에 하나님의 법도인 천법인 것이다. 많은 사람들은 법이 두려워 도덕률을 지킨다. 그러나 동기가 이러할 때, 이 도덕적 선행은 천국과 인연을 맺지 못한다. 만일 이와 같은 나라의 법이 없고 무슨 행동이라도 다 허용되는 사회라면 그들이 이 도덕을 지켰을까. 그들은 자기에게 이익 되는 일이라면 주저 없이 살인도, 강도 짓도, 간음도, 사기도, 약탈도 할 것이다.

지옥은 견제의 역할을 하는 법률이나 사회적 규범이 완전히 제거된 곳이다. 한마디로 지옥은 무법천지이다. 그렇기 때문에 지옥의 악령들은 아무런 제약 없이 마음대로 잔인하고 포악한 범행을 저지른다.

하늘을 사랑하고 양심을 사랑하고 이웃을 사랑하는 동기에서 행하는 선만이 진정한 선이다. 이것만이 천국이 환영하는 선이고, 이러한 선은 어떤 제약과 상관없이 마음에서 우러나오는 것이다. 전시적, 위선적, 가면을 쓴 선행으로는 천국에 발을 들여놓을 수 없다.

"왼손이 하는 일을 오른손이 모르게 하라."

주께서 말했다. 이것이 선을 행하는 기본원칙이다. 이것이 보물을 천국에 쌓는 방법이다. 순수한 사랑에서 이웃을 사랑하고 돕는다면 그것은 하늘의 것이다. 이것을 양심의 발로라고도 한다. 이는 모두 천국 창고에 거두어질 것이다.

제9장

지옥은 자기사랑의 왕국

누가 지옥에 가는가

하나님은 한 사람도 빠짐없이 천국으로 들어오기를 원하기 때문에 인간 모두에게 천국에 갈 수 있는 자격을 주었다. 그러나 사람들은 이를 알지 못하고 지상에서 지옥의 삶을 살고 있다. 그들이 죽으면 영계에서 지옥 이외에는 발붙일 곳이 없다.

    인간의 조상 아담과 하와의 타락이 없었다면 지옥은 아예 생겨나지 않았을 것이다. 지옥은 하나님의 창조물이 아니다. 지상에서 타락하여 천국의 인격을 살지 못한 인간들이 있어 할 수 없이 생겨난 곳이 지옥이다. 말하자면 지옥은 영계의 '쓰레기통'인 것이다. 어찌 자비의 하나님이 이 지옥을 창조했겠는가.

지옥은 '자기사랑'의 왕국이다. 지옥은 조금이라도 감시와 제재가 느슨해지고 형벌의 제약이 없어지면 무자비한 욕망이 나타나는 곳이다. 그 욕망에는 끝이 없다. 전 세계와 전 천계는 물론 하나님까지도 지배하려는 욕망이 넘쳐나는 곳이 지옥의 욕망이다. 자기사랑 중심으로 살아가는 사람의 내부에는 이와 같은 욕망이 감추어져 있다. 다만 지상세계에서는 앞서 말한 각종 제약이 그 욕망의 추구를 억제해 주기 때문에 노골적으로 드러나지 않을 뿐이다.

그러나 영계에 오면 그런 제약이 없다. 두려울 것이 없다. 그러니 하나님과 주님의 완벽한 통치가 조금이라도 느슨해지면 지옥은 한순간에 아수라장이 되고 말 것이다. 지옥에서도 하나님의 통치력은 절대적이다. 영계의 태양에서 흐르는 영류를 받고 있는 천사들은 지옥을 통치할 수 있는 절대적 능력을 가지고 있다. 지옥영들은 영계의 태양 빛과 열에 조금만 노출되어도 죽을 것 같은 고통을 느낀다. 천사 한 사람이 지옥에 나타나면 지옥의 악마라 할지라도 그 앞에서는 완전히 무력해진다.

천국의 힘은 곧 하나님의 진리와 사랑에서 오며 이는 초능력적 힘을 발휘한다. 그런데 지옥에는 진리와 사랑이 없으니 힘이 있을 수가 없다. 천사들의 힘으로 지옥은 질서가 유지되고, 하나님과 천사들의 통치하에 지옥은 완전히 굴복할 수밖에 없다.

스베덴보리는 천국경험을 통해 주께서 어떻게 지옥을 통치하는지에 대해 증언했다.

"지옥은 천계에서 내려오는 영계 태양의 영류로 관리된다. 이 천계에서 내려오는 영류는 지옥에서 뿜어져 올라오는 악한 기운을 완전히 제압한다. 천사들은 지옥을 감시하고 지옥영들의 광기나 반란을 평정한다. 때로는 천사를 지옥으로 파송하는 경우가 있는데, 천사가 나타나는 것만으로도 그 광기와 소란이 평정된다. 지옥을 통치하는 원리는 공포심이다. 그 공포심은 지옥에서도 자기들이 하나님이 정한 질서를 지나치게 문란케 하면 엄한 벌이 떨어진다는 것을 아는 데서 오는 공포심이다. 그 벌의 두려움 때문에 지옥영들도 지나치게 사악한 행위에서는 손을 떼는 것이다.

왜 지옥의 통치를 공포심과 체벌로 해야 되느냐. 지옥에서는 그것이 가장 효과적인 방법이기 때문이다. 지옥은 모두가 천계의 정반대이다. 천국의 진리가 지옥에선 허위가 되고, 천국의 사랑이 지옥에서는 증오가 되며, 천국의 선은 지옥에서는 악이 된다. 지상사회와 같이 법이나 명예, 이권이나 교화를 가지고 다스릴 수가 없다. 오직 그들의 몸을 아프게 하는 수밖에 없다.

지옥의 벌은 큰 것부터 작은 것까지 여러 가지가 있다. 대부분의 경우 벌을 받는 자는 지옥의 두목 격이다. 그들은 못된 지혜와 책략을 써서 다른 지옥영, 혹은 다른 지옥 공동체에 고문과 테러를 가하여 자기에게 굴복시킬 수 있는 자들이다. 이 두목 격들이 하늘나라의 체벌이 무서운 줄을 알게 함으로써 그들이 과도한 폭거나 광란을 일으키지 못하도록 하는 것이다."

지옥의 폭거와 광란을 진정시키는 데 체벌밖에 없다는 점이 이해되었는지 모르겠다. 아주 유치하고 야만적이라 하겠지만, 지옥에서는 효과적인 방법이 이것밖에 없다.

지옥에도 제1단계에서 제3단계까지의 지옥이 있다고 했다. 제1지옥은 교육과 감화, 교화가 비교적 잘 되는 곳이다. 그러나 제2지옥에 가면 그들은 악마라고 불리는 악독한 영인들로 교화가 불가능하다. 제3지옥은 악귀라고 불리는 극악무도한 지옥영인들이 살고 있으며, 거의 짐승과 같은 형태가 되어 있어 천국의 천사들이 아니고서는 질서를 세우기가 불가능하다.

스베덴보리는 지옥에서 삶을 살고 있는 수많은 지옥영인들을 만났다. 지상에 있을 때 표면적인 명예만 추구하다가 지옥에 온 영, 달콤한 유혹으로 무수한 여자들과 간통을 저질렀던 호색

한 영, 말은 청산유수로 하면서 행동은 그와 정반대인 간악한 영, 온갖 사기를 벌였던 영, 살인자, 강도, 해적 등 잡다한 지옥영인들과 만났다.

지상에 있을 때 아주 유복한 환경에서 사치하고 호의호식했던 한 여성은 지옥에서는 넝마와 같은 옷을 입고 여기저기 지옥의 뒷골목을 뒤지고 먹을 것을 구걸하며 다니는 거지 신세였다.

또 영계에서 거지도 보았는데, 그들은 지상에서 노동이 싫어서 거지나 노숙자로 살던 사람들이었다. 그들은 영계에 와서도 그 버릇을 버리지 못하고 나태한 생활을 하고 있었다. 어떤 학자는 지옥에서도 촛불을 켜놓고 열심히 원고를 쓰면서 자기는 곧 세계적인 대학자가 될 것이라고 호언장담하고 있었다. 지상에서 그의 학문은 명성을 얻기 위한 것이었고 영적 인격 향상과는 아무 관련이 없었다. 더 우스꽝스러운 것은 지상에서 돈에 목을 매고 살던 한 수전노였다. 그는 지옥에 와서도 재물을 모으는 데 혈안이 돼 있었다. 그는 금은보화라고 자기 동굴에 산더미처럼 쌓아 놓았는데, 다른 사람 눈에는 그것이 모두 돌이요, 나무토막이요, 지옥의 쓰레기였다.

스베덴보리는 자살로 지옥에 온 젊은 영도 만났다. 그 젊은 영은, 자기는 지상에서부터 악령들의 사주를 받아 정신병자로

취급을 받다가 결국 단도로 목을 찔러 자살했는데 지금 여기서도 그 같은 악몽에 늘 시달린다고 했다. 그의 손에는 자살에 썼던 칼이 들려 있었다. 그러면서 "나는 지금 이 칼로 내 목을 찌를까 봐 이렇게 오른손을 붙들고 살고 있다."라고 했다.

어떻게 지옥이 생겨났나

본래 하나님은 천국만을 지으셨다. 지상은 하나님의 천국 농장으로, 여기서 티 없이 맑고 깨끗한 열매를 수확해서 쌓는 곳간이 바로 천국이다. 그 하늘 곳간은 알곡만을 쌓아 두는 곳이 아니다. 하나님은 이곳에서 천국에 들어온 인간들과 함께 살려 했다. 하나의 거대한 인류 가족 궁전을 지은 것이다. 그것이 천국이다.

 이렇게 아버지께서 자식들을 받아들이기 위한 천국을 짓는데 왜 거기에 지옥이 필요했을까. 그 말은 현재 존재하는 지옥은 본래 하나님의 설계도에는 없었던 곳이라는 말이다.

 그러면 그 지옥은 왜 생겼을까. 그것은 하나님이 인간을 너무 믿고 사랑한 까닭이다. 하나님은 인간들이 모두 자신의 형상으로 태어나도록 설계했다. 그러자니 그 인간에게 절대자유와 절대책임을 위임하지 않을 수 없었다. 절대자유 없이 인간이 하나님의 형상(形象)과 성상(性相)을 모두 닮았다고 할 수는 없다. 또 하나님의 형상과 성상대로 지혜와 의지와 감정을 갖지 않은 인간이라면 사랑을 주고받을 수가 없다. 사랑은 자유의지의 소산이기 때문이다.

자유의지가 없는 기계나 로봇과도 같은 인간과는 사랑을 주고받지 못한다. 그런데 성서에 보면 그 인간 시조가 하나님의 계명을 어겼다. 물론 자유의지로 어긴 것이다. 그리하여 하나님이 원치 않는 길로 떨어졌다. 성서에 에덴동산에서 쫓겨났다는 말이 바로 인간이 하나님의 천국을 잃어버린 것을 의미한다.

그래서 인간은 구원을 받아야 할 운명 가운데 놓였다. 그날부터 오늘날까지 하나님의 섭리역사는 타락한 인간을 원위치로 돌아오게 하려는 것이다. 그런데 돌아오는 것도 반드시 자유의지로 돌아와야 하나님의 아들딸이다. 그 구원은 무조건이 아니다. 구세주의 구원은 자유의지로 선택해야 하는 것이다. 그 구세주로 오신 분이 2000년 전의 예수 그리스도다.

인간이 반드시 자유의지로 돌아와야만 하나님의 아들딸이요, 천국에 들어갈 수 있다. 그러나 모든 인간이 하나님이 원하는 선 쪽으로 움직일 것을 기대할 수는 없다. 거기에는 아담과 하와 같이 믿지 않는 자도 있게 마련이다. 그러한 인간들, 하나님께 거역한 자들을 거두어들일 수 있는 곳으로 생겨난 것이 바로 지옥이다. 이것이 지옥이 있게 된 내력이다.

영원이라는 차원에서 시간이 몇 만 년, 몇 십만 년이 걸리더라도 결국 창조주 하나님이 지옥을 철폐하는 날은 오고야 말 것이다. 인간의 자유의지를 박탈치 않고 이 구원의 섭리를 하려니 시간이 걸릴 뿐이다. 인간의 자유의지에 의존하자니 하나님은 없는 것 같고 급기야는 '하나님은 죽었다'라는 말까지 듣게 되었다. 그러나 하나님은 참고 기다리시는 분이다.

이렇게 하늘에는 알곡을 거두는 천국과 쭉정이를 거두는 지옥이 있게 된 것이다.

선영과 악령의
사람 빼앗기 싸움

지상세계는 천계의 지옥과 밀접하게 연결되어 있다. 이 땅에는 수많은 선영들이 내려와 인간들을 돕고 있다. 그와 마찬가지로 지옥의 악령들도 지상에 내려와 여러 가지 악행을 저지른다. 지상의 인간들은 지옥의 영향도 받고 있는 것이다. 자살영도 지상에 살면서 악한 영인들의 영향을 받다가 결국 자살로 자기파멸을 맞은 자다.

천계에서는 영계 태양의 간접영류만 지상에 내려 보내는 것이 아니라 지상의 모든 사람들에게 선한 영들을 보내 수호해 준다. 그러나 안타깝게도 지옥영들도 반드시 한 사람에 하나씩 따라다닌다. 인간은 이 사실을 인지하지 못한다. 말하자면 지상의 인간 하나를 놓고 선영과 악령이 사람 빼앗기 싸움을 벌이고 있는 것이다.

선영이 있는 한 절대로 악령은 침범하지 못한다. 선영의 힘은 만능에 가깝다. 그러나 선영이라 해서 인간에게 무조건 좋은 영향을 주지는 못한다. 그 이유는 인간이 자유의지로 어느 쪽으론가 기울어지기 전에는 선영도 악령도 중앙의 인간에게 영향을 줄 수 없다는 천리법도가 있기 때문이다. 이것은 하나님께서 인간에게 완벽한 자유의지를 허락하고, 인간의 의지에 의해서 천국과 지옥을 결정하게 했기 때문이다.

중앙에 있는 인간이 선영 쪽으로 기울어지면 선영은 기꺼이 천국의 좋은 영향을 인간에게 준다. 그런데 인간이 악령 쪽으로 끌리면 그때는 악령의 영향을 받고 지옥 쪽으로 끌려간다.

인간은 지상에서 영계와 이렇게 밀접하게 연결되어 살고 있다. 우리는 한시도 영계와 인연을 끊고서 살 수가 없다. 그런데 불행히도 인간은 태어날 때 부모로부터 유전적인 악을 가지고 태어난다. 그렇기 때문에 자유의지로 선한 쪽으로 기울기보다는 악령 쪽으로 끌려갈 가능성이 더 많다. 그래서 지상인간에게 구세주가 필요한 것이다.

지옥영들이 지상을 습격한다

각종 투쟁과 다툼, 중병, 불행과 불운, 가지각색의 범죄, 자살 등 세상에서 일어나는 흉사의 대부분은 악령이 저지르는 일이라 해도 과언이 아니다. 그 악령들은 인간이 눈치 채지 못하는 방법으로 조종하여 불행의 동기와 원인을 만든다.

물론 선영도 비길 수 없는 막강한 힘을 가지고 인간을 보호하고 선으로 인도하려 하지만 인간이 악령의 유혹 쪽으로 기울어지면 그땐 선영도 방도가 없다. 창조주께서 인간에게 허락한 자유의지는 선인, 악인 모두에게 허락된 것이며 선영과 악령도

이 자유의지의 법도를 따를 수밖에 없다.

스베덴보리는 자신도 27년 동안 영계를 체험하며 셀 수 없을 정도로 악령들의 위협을 받았다고 했다. 스베덴보리가 선영과 악령을 설명한 유명한 말이 있다.

"선영은 나비요, 악령은 거미다."

선영은 나비처럼 이 꽃에서 저 꽃으로 날며 꿀을 빨고 꽃에 열매를 맺게 한다. 반면에 악령은 거미처럼 크게 거미줄 망을 치고 잠복했다가 희생물이 걸리면 순식간에 덤벼들어 포식한다.

스베덴보리는 악령은 프리즘prism이라 했다. 악령들은 천계의 모든 선과 좋은 점을 모두 악한 것으로 전환시키는 재주를 가지고 있다. 영계의 태양에서 쬐이는 백색광선도 프리즘으로 받아 가지고 여러 가지의 색으로 변화시킨다는 것이다.

스베덴보리는 악령의 본질을 다음과 같이 설명했다.

"악령도 선이 무엇인지 알고 있다. 그러나 악령들은 악이 무엇인가에 대하여서는 전혀 모르고 있다. 그뿐만이 아니다. 악이라는 것이 존재한다는 것 자체를 전혀 모르고 있다."

그는 이어서 이렇게 말했다.

"악령들은 인간에게 별별 악한 짓을 다한다. 그러면서도 자기들이 악한 짓을 하고 있다고는 전혀 생각하지 않는다. 왜냐하

면 악이란 무엇인가는 물론이고 악이라는 것이 존재한다는 것조차 모르기 때문이다. 악령들이 흉악하고 잔인한 것은 오히려 자기네들이 선을 행한다고 생각하고 있기 때문이다. 악령은 악을 행하는 데 아무런 가책이 없다."

스베덴보리는 악령들도 선이 무엇인지를 알고 있다고 했다. '뭐야, 악령도 선을 알고 있다고? 무슨 뚱딴지같은 소리야.' 할 것이다. 스베덴보리의 설명은 계속된다.

"그들에게는 악이 곧 선인 것이다. 자기네들은 선을 행하고 있다는 확신 하에 악을 자행하고 있는 것이다. 예를 들어 그들은 타인의 불행을 보고 기뻐하고, 타인을 지배했을 때 만족감을 느낀다. 결국 자기네들이 통쾌함과 기쁨을 느끼는 일이 그들에게 선인 것이다. 그래서 지옥의 영은 갖은 악행을 저지르며 쾌감과 만족을 느낄 때마다 자신들이 옳은 일을 했다고 생각한다. 그들에게는 악이 선이요, 위선이 진리요, 범죄가 사랑인 것이다. 이렇게 선과 악이 전도(轉倒)되어 있는 곳이 지옥이다. 프리즘prism의 원리가 백색광선을 분해하듯, 내려오는 천계의 선이 악이 되고, 진실은 허위가 되고, 아름다움은 추함으로 바뀌어 버리는 것이다."

지옥의 악령들은 이와 같은 목적을 가지고 땅 위로 내려온다. 그리고는 아무런 가책 없이 무자비하게 그들의 '선'을 자행한다. 그것이 곧 인간세계에는 불행이요, 고통이요, 재앙이요, 중병으로 나타나는 것이다.

이와 같이 선을 행한다는 정당성을 가지고 적개심을 품고 내려오는 악령의 본질은 한마디로 말하면 불행을 야기하여 인간세계를 파괴하는 데 있다. 여기 지상세계에도 여러 종류의 범죄자가 있는 것과 마찬가지로 악령들의 세계에도 별별 종류의 악령들이 다 있다. 그중에서 가장 흉악하고 큰 불행과 재난과 고통을 안겨주는 악령은 원한에 사무친 복수심에 불타는 악마들이다.

이 지상세계에도 원한을 갖고 꼭 복수하고야 말겠다고 치를 떠는 악인들이 무수히 많다. 하지만 지상에서는 공공연하게 죽여 버리겠다는 복수심을 노골적으로 나타내기 어렵다. 그래서 복수심을 가슴속 깊이 숨겨둔다. 주위 환경과 체면 때문에 노출되지 않도록 하는 것이다. 그런데 영계에서는 거칠 것이 없다. 아무런 제약이 없기 때문이다. 스베덴보리는 그들 복수심에 불타는 악령으로부터 이런 말을 공공연히 들었다고 했다.

"복수는 즐겁다. 복수 이상 통쾌한 일이 어디 있겠는가. 복수야말로 최고의 기쁨이다."

이렇게 악령들은 복수를 기쁨으로 표현하고 있다. 그래서 그들이 한번 지상에서 복수의 대상을 찾게 되면 적당히 복수하는 데서 끝나지 않는다. 그 인간을 불행의 깊은 수렁 속으로 빠뜨린다. 중병에 걸리게 하여 몸을 파괴하는 정도로도 만족하지 않는다. 점차 미치게 만들어 범죄를 저지르게 하여 사회적으로 완전히 매장시켜 버린다. 그리고 결국에는 자살로 유인한다.

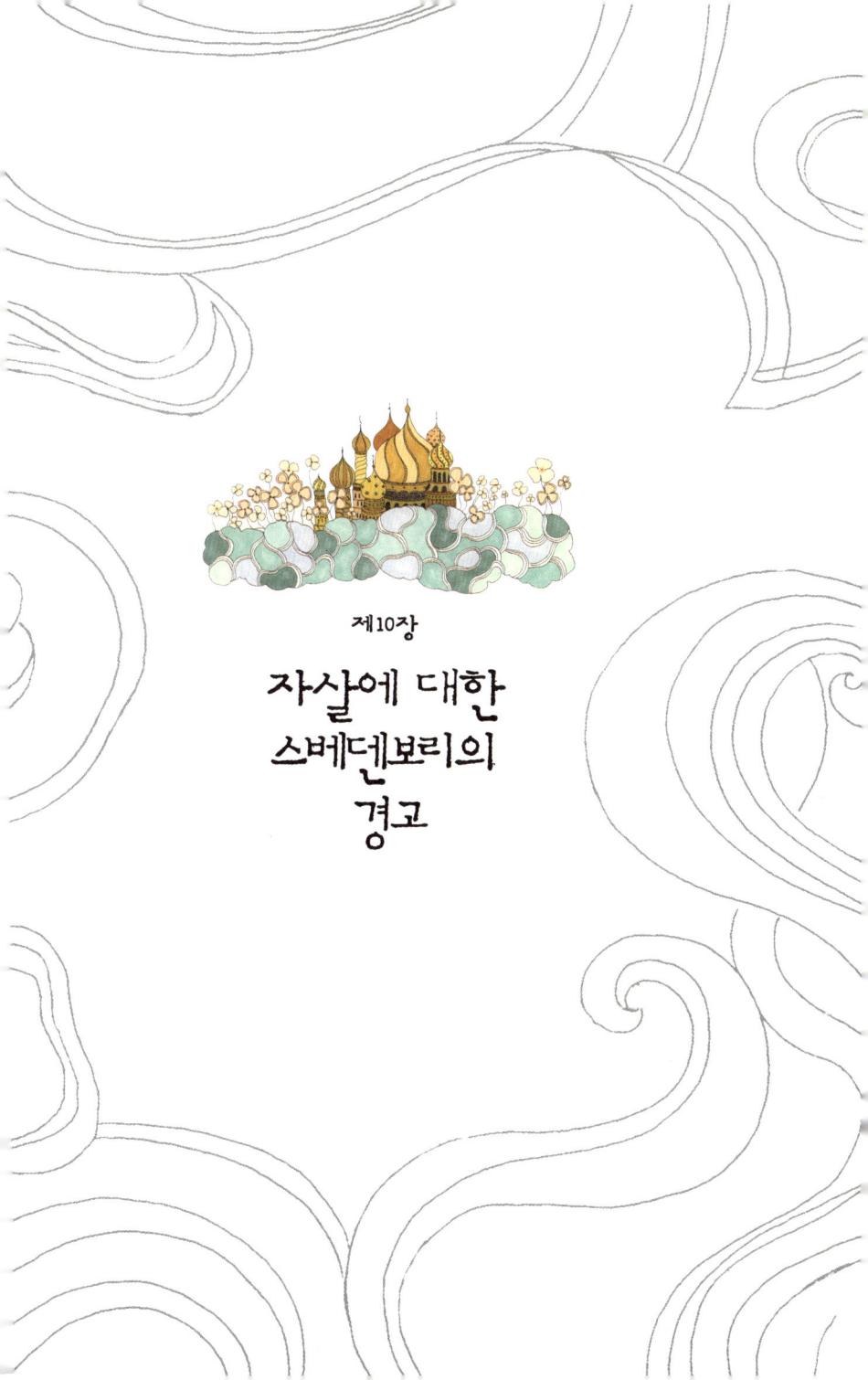

제10장

자살에 대한 스베덴보리의 경고

자살은 영원한 고통의 시작일 뿐

"어떤 상황에서도 자살만은 안 된다."

스베덴보리의 자살에 대한 경고는 심각하다. 그는 자살이 인간 운명의 최악의 사태를 불러온다고 했다. 지금 자살은 세계 모든 나라의 중대한 사회문제가 되었다. 매년 대한민국에서 자살하는 사람이 만 명을 훌쩍 넘어서고 있다.

통계청 자료에 의하면 2007년에 자살한 사람이 12,174명으로 이는 우리나라 인구의 사망원인 중 4위를 차지하고 있다. 1994년에 자살자는 인구 10만 명당 10.5명이었는데, 10년 후인

2004년에는 25.2명으로 배 이상 증가했다. 현재도 매 37분마다 한 명씩 자살하고 있는 셈이다.

특별히 우려되는 것은 20~30대에서는 사망원인의 제1위가 자살이요, 10대에서는 사망원인 제2위가 자살이라는 사실이다. 그리고 보다 가슴 아픈 것은 우리나라가 경제협력개발기구 OECD 국가 중에 자살자 통계가 1위라는 것이다. 어쩌다가 우리나라가 이렇게 '자살왕국'이 되고 말았을까.

스베덴보리는 자살에 대해 이렇게 말한다.

"손쉽게 자기 목숨을 끊는 것은 무지 때문이다. 누구도 자기가 참 자기를 죽일 수 없다는 사실을 모르기 때문이다. 자살 뒤에 그 영이 어떻게 되는지에 대해 조금이라도 안다면 누구도 절대 자살하지 못한다.

자살하면 그 순간 이 우주에서 깨끗이 소멸된다고 생각하지만 알고 보면 자살은 영원한 고통의 시작일 뿐이다. 인간은 자신을 죽이지 못한다. 오직 그 육신만 죽일 뿐이다. 그 뒤에 오는 하늘의 형벌은 상상을 초월한다."

자살하는 자들의 공통된 생각이 있다. 그것은 '내가 이 우주에서 소멸되면 그만이지' 하는 생각이다. 그들은 죽으면 자기는 이 우주에서 완전히 없어지고 동시에 자기가 짊어지고 있는 문제, 고민, 슬픔도 모두 청산된다고 생각한다. 문제해결의 최후 수단으로 여기는 것이다.

"나 하나 없어지면 그만이지 뭐. 자살은 고달픈 인생의 최고의 해결 방법이야."

이렇게 믿고 자살을 한다. 문제는 이것이 너무나 무지한 생각이라는 것이다. 알고 보면 자살은 누구도 감당 못 할 더 큰 문제의 시작이다. 자살은 참 자신, 영원한 자신을 죽이지 못한다. 자살은 자기 소멸이 아니다. 이 우주에서 소멸되지도 않고 하물며 이 지구상을 떠날 수도 없다. 자살영인은 지상을 떠도는, 우리가 흔히 말하는 '귀신'이 되기 때문이다.

귀신이란 곧 악령이다. 자살악령은 지상을 떠나 영계로 가지도 못한다. 인간은 선한 사람이든 악한 사람이든 자기 자신을 소멸시키지 못하게 되어 있다. 그것은 창조주께서 인간을 영원한 존재로 지으셨기 때문이다. 자살로 죽일 수 있은 것은 오직 육신뿐이다. 진정한 자기는 껍질에 불과한 육신이 아니라 영체이다. 자살은 인간이 저지를 수 있는 최대의 죄이다. 자기 살인인 것이다. 살인은 하나님 법도 중 가장 무거운 죄이다.

자살하면
어떻게 되는가

목을 매든, 물에 빠지든, 약을 먹고 자살하든 그 결과는 마찬가지이다. 심장이 멈추는 순간 육신에서 영체가 벌떡 일어난다. 그리고 뚜렷한 감각과 오관으로 자기 옆에 또 하나의 자기가 누워 있는 것을 발견한다.

"어허! 저게 누구지? 어디서 많이 보던 사람인데! 아니 저것은 나 아냐? 어떻게 된 거야. 여기 이 나는 뭐고 저것은 또 뭐지?"

놀라움과 혼동이 엄습한다.

"아니, 나는 분명히 자살해서 죽었는데 이게 어찌된 일이야! 내가 이렇게 살아 있으니!"

영인으로 화한 존재는 자신의 죽은 육신을 보고 있는 것이다. 그런데 생명은 전부 영체 쪽에 있다. 자살을 했지만 하나도 죽지 않은 것이다. 죽은 것은 육신뿐이다.

그때의 놀라움을 상상해 보라.

"내가 죽지 않았네! 내가 내 몸을 죽였구나. 그렇지만 내가 죽는 것이 아니구나. 이걸 어떻게 하지?"

하지만, 이미 후회해도 늦었다. 어떻게 할 방법이 없다. 다시 자기 육신 속으로 돌아갈 수 없다.

잠시 후에, 사이렌 소리가 요란하게 울리고 구급차가 온다. 조금 더 있으니 엄마, 아빠, 가족이 뛰어온다. 그런데 살아 있는 자기는 본 체도 안 한다. 그들은 모두 자기 시체에 달려가서 인공호흡을 시도한다. 소용이 없다. 죽은 육신을 본 가족들의 통곡이 쏟아진다. 이 광경을 보고 있던 영체는 너무 기가 막혀 엄마한테 달려간다.

"엄마, 엄마! 나 죽지 않았어! 나 여기 있잖아! 나 여기 살아 있어!"

울부짖으며 엄마를 뒤흔든다. 그런데 엄마는 이를 알지 못하고 통곡만 한다. 자살자의 영은 구급차로 달려간다. 거기 의료요원을 붙들고 소리친다.

"여보시오! 나 죽지 않았소! 나 여기 살아 있지 않소. 우리 엄마가 기절할 정도가 되어 통곡만 하는데 당신들이 좀 가서 나 죽지 않고 살아 있다고 좀 전해줘요. 이거 참, 미치겠네!"

의료요원은 전혀 듣지 못하고 싸늘하게 식어가는 시체를 들것에 실어 차에 싣고 떠난다.

"아니 왜들 이러지? 내가 여기 살아 있는 것이 안 보여? 나 여기 살아 있다구!"

자살자는 즉시 자기 집으로 달려간다. 안에 들어서니 집안이 초상집이다. 모두 소리 내어 자기 이름을 불러가며 통곡만 하고 있다.

그는 큰 소리로 대문에서 외친다.

"나 죽지 않았어. 나 집에 돌아왔어! 나 여기 있잖아. 여기 있다구! 내 소리 안 들려?"

황급히 쫓아다니며 한 사람, 한 사람 식구들을 흔들어 보지만 아무도 반응이 없다. 그 순간이다. 대문으로 한 떼거리의 패가 몰려 들어오는데 모두 흉한 거지꼴을 하고 있고, 얼굴은 뒤틀려 괴물과 같다. 다른 자살귀신들이 나타난 것이다. 그들은 그를 조롱하기 시작한다.

"야, 이놈아. 소용없어! 너는 이제 귀신이 된 거야, 귀신! 우리 패가 된 거라구. 너는 이 세상을 떠난 거야. 세상사람들은 이제 너를 못 봐. 네가 죽었다고 이제 네 육신을 갖다 묻을 거야. 너는 이제 우리와 한패야. 우리가 하라는 대로 하라구. 멍청한 녀석! 하하하……."

그제야 자살자는 자신이 다시는 인간으로 돌아갈 수 없는 귀신임을 깨닫는다.

자살은 최악의 선택,
자살자는 지박령이 된다

자살자는 악령이 된다. 흔히 말하는 귀신이다. 그리고 자살자의 영은 지상을 떠나지 못한다. 그래서 그를 땅에 묶인 지박령(地縛靈)이라고 한다. 지박령은 자기가 자살한 부근에 매여 지상을 배회한다.

스베덴보리는 한 예로 영국에서 유명한 유령저택을 들었다. 이곳 사람들은 여기에 출현하는 악령을 '베란다 유령'이라고 불렀다. 이 유령저택은 영국 중심에 있는 에딘버러시의 교외에 있으며 2층 건물로 상당히 크고 넓은 정원이 있었다. 정원에는 오래된 고목이 울창해서 낮에도 이상하리만큼 어둡고 적막했다. 그곳에 최초로 유령이 나타난 것은 1720년경이었고, 제일 먼저 이 유령을 본 사람은 그 집에서 수십 년 동안 머슴살이를 하던 하인이었다.

하인은 그날도 어김없이 저녁에 건물 문단속을 하고 있었다. 2층 베란다에 가까이 다가가자 베란다에서 인기척이 들렸다. 아무도 없는데 이상하다 싶어 누가 있나 보려고 베란다로 간 그는 그 자리에 주저앉을 듯 놀랐다. 거기에 나타난 사람은 십 년 전 그곳에서 자살한 주인의 딸 '에렌'이었다. 에렌은 전혀 거침없이 베란다 끝까지 5~6미터 정도 걸어가더니 갑자기 사라졌다.

이 일이 있은 후, 하인이 몰래 지켜보니 에렌의 유령은 매일 밤 베란다에 나타났다. 금세 소문이 번졌고, '에렌'은 유령저택 '베란다 유령'으로 전 영국에 알려졌다.

그 후 집 주인은 그 집을 팔았고 1740년경 에렌의 가족과는 아무 관계가 없는, 그리고 유령에 대한 소문도 듣지 못한 '헌트' 씨가 이 저택을 사서 완전히 개조해 살게 되었다. 개조된 저택은 같은 장소가 아닌 정원 더 깊숙한 곳에 있었다.

그런데 에렌에 관하여 아무것도 모르는 헌트 씨 가족이 또다시 에렌의 유령을 보게 된 것이다. 에렌은 옛날 2층 베란다가 있던 지점에 계속 나타났다. 베란다는 이미 흔적조차 없이 사라졌는데, 에렌은 베란다인 줄 알고 계속 공중을 걷다가 사라지곤 했다.

에렌의 자살은 사유가 있었다. 에렌은 엄격했던 부친이 애인과의 교제를 허락하지 않자 원한으로 베란다에서 뛰어내린 것이다. 그 후 에렌은 악령인 지박령이 되어 자기가 자살한 장소를 떠나지 못하고 방황하게 되었다.

스베덴보리는 에렌이 거기 계속 나타나는 것은 그녀가 영계에 들어가지 못하고 중간영계에서 지상으로 왔다 갔다 하며 거기에서 어떻게든지 맺힌 원한을 풀려고 하는 것이라 했다.

문제는 이런 지박령들이 사람들에게 해를 끼칠 기회를 노린다는 것이다. 지박령은 원한이 사무친 영이다. 원한을 풀기 위해 사람을 유인하여 자신과 똑같은 방법으로 자살을 시도하도록 유혹한다.

자살은 본인뿐만 아니라 인류에게 해가 되는 최악의 선택이다. 지난 수십 년 동안 현대의학은 놀라운 발전을 거듭했다. 인공심장까지 이식되는 세상이다. 그러나 이러한 발전에도 병자가 줄어드는 것이 아니라 그와는 반대로 병원마다 환자가 문전성시를 이루고 있다.

이것은 현대 의학만의 문제가 아니다. 여기에는 눈에 보이지 않는 영적 입체적 원인이 있다. 20세기 말엽부터 21세기 초에 이르기까지 가장 많이 발생하고 있는 병은 정신병이다. 그 이유는 사람들이 마음이 약해져서 악령에게 쉽게 마음을 내어주기 때문이다.

이와 같은 상황 속에서 우리는 이제 입체적 건강을 표방해야 한다. 과학적, 의학적 방법만으로 건강을 지킬 수 있다고 생각해서는 안 된다. 정신적인 의식 수준, 곧 영적 수준을 높여야 한다.

지상의 악령들이 우리 주위에 우글거리고 있다고 인식해야 한다.

그렇다고 무조건 두려워할 필요는 없다. 악령들은 인간이 '상대기준'을 허락하지 않는 한 절대로 해를 입히지 못한다. 악령들의 영적 수준은 아주 저급이다. 우리가 우리의 영적 수준을 건전하게, 높게 유지하고 있으면 귀신공해에서 보호될 수 있다. 우리는 저질의 영, 소위 악령들과 귀신들이 감히 접근하지 못하도록 해야 한다.

그 방법은 스스로 높은 수준의 영적 의식 상태를 유지하는 것이다. 건전한 정신 상태라 말해도 좋다. 마치 우리 몸에 면역이 약해지면 병균이 침입하는 것과 마찬가지로, 영적 수준이 낮으면 귀신 혹은 악령들의 침입을 당할 기회는 그만큼 많아진다. 우리는 육체적 면역력을 높이는 동시에 영적인 면역력도 강화해야 한다. 가장 좋은 방법은 영계, 특히 천계에 대한 정확한 이해를 갖는 것이다.

천국으로 가는 길

결국 인간 운명은 항상 인간 자신의 손에 달려 있다. 여기서 우리는 알아야 한다. 귀신 영의 속삭임에 속아 귀신공해의 희생자가 되는 것은 항상 그 마음이 악 쪽으로 기울어졌을 때이다. 인간이 악령들에게 상대기준을 허락했기 때문에 그런 일이 일어나는 것이다. 정신병자, 노이로제 환자, 우울증 환자의 격증도 바로 이와 같은 현상 속에서 오는 것이다. 우리는 우리 주위에서 이와 같은 악령들에 의한 피해자들을 무수히 본다.

이 원칙에 입각해서 보면, 하나님을 바로 믿는 신앙은 이러한 악령들로부터 자신을 지켜내는 방법이기도 하다. 하나님과 주님은 항상 임재하신다. 건전한 종교생활은 똑같은 건전한 결과를 가져온다. 그리고 종교는 없더라도 하늘을 두려워하는 마음으로 도덕적인 생활을 하며 양심을 굳건히 지키고 살아가는 사람은 이미 천국 쪽으로 끌리는 사람이요, 자동적으로 선영의 보호와 인도를 받는다.

여자의 마음은 갈대와 같다고 하지만 어디 여자뿐인가. 인간의 마음은 모두 갈대와 같이 흔들린다. 인간의 마음은 하도 변덕이 심해서 하루에도 열두 번 천국과 지옥을 왔다 갔다 한다. 그럴 때마다 선영과 악령들을 긴장케도 하고 흥분케도 한다.

그래서 인간은 날마다 의식적으로 선행을 하도록 노력해야 하고 악의 유혹을, 명예의 유혹을, 성적인 유혹을 싸워 이겨내야 한다. 그러면 자연히 선영 쪽으로 기울고, 그 노력을 거듭할 때 점점 악은 멀어지고 보다 큰 선영의 협조를 받게 된다는 것을 잊지 말아야 한다. 하루에도 수십 번 찾아오는 이와 같은 각종 유혹을 자유의지로 이겨나가야 한다. 그러다가 또 유혹에 끌려 지옥 쪽에 기울다가도 다시 천국 쪽으로 기울고, 그러기를 반복하면서 그 빈도가 천국 쪽이 많아지면 선의 인격이 굳건히 자리 잡게 되는 것이다. 이것이 악령을 퇴할 뿐만 아니라 천국으로 가는 길을 닦는 것이 된다. 그래서 주님은 주기도문을 통해 기도하라고 가르치신 것이다.

"우리를 시험에 들지 말게 하옵시고 다만 악에서 구하옵소서."

스베덴보리가 권하는 악령으로부터의 방어책

스베덴보리의 유명한 말이 있다.

"악령을 염려하지 말라. 전심전력으로 천국 가는 길을 달려라. 그렇게 사는 사람에게 악령은 그림자도 나타낼 수 없다."

이것은 아주 현명한 대원칙을 천명해 준 것이다. 이와 같은 대원칙에서 인생항로를 달리는 것, 그것은 곧 천국의 질서를 땅 위에서 사는 것이요, 양심적 생활을 지키는 것이다. '아는 것이 힘이다' 하는 격언이 있다. 다음의 스베덴보리의 권고에 귀를 기울여 그 지식을 몸에 익혀야 한다.

영적 현상에 현혹되지 말라

우리 주변에서 일어나는 영적인 현상은 대부분 악령의 장난이다. 사소하고 작은 영적 현상에 현혹되지 마라.

영적 현상이 나타나거든 상대하지 말라

악령의 궤책이나 장난에 상대하는 순간 악령은 사람의 마음을 손아귀에 넣는다. 악령을 상대해 준다는 것은 곧 상대기준을 허락하는 것이요, 악 쪽으로 기울고 있다는 것을 의미한다.

영적 현상을 무시해 버려라

악령은 교만하다. 아무리 싸움을 걸어도 상대하지 않으면 자존심에 위협을 느끼고 스스로 떠나게 된다.

"이놈 참 이상하다. 세상 인간은 우리가 얼마든지 조종할 수 있는데 이 녀석은 이상한 놈이야. 바윗돌같이 꼼짝도 안 하는

데." 하면서 스스로 떠나간다.

선영의 도움을 받아라

위 세 가지가 방어책이라면 다음부터는 공격책이다.

선영을 우리 편으로 하는 것이 악령 추방의 핵심이다. 내 곁에서 선영이 지켜주고 있다고 믿어야 한다. 하나님께 선영을 보내 주셔서 고맙다고 감사하라. 확실히 선영은 당신 곁에서 당신의 부름을 기다리고 있다. 적극적인 행동은 당신이 취해야 한다.

생각을 긍정적이고 선한 의식 속에 유지하라

당신의 영혼은 항상 당신의 의식 가운데 거한다. 항상 선한 것을 생각하고 어떻게 이웃을 도울까를 생각한다면, 당신은 악령이 문제가 아니고 천국 가는 길을 가고 있는 것이다. 지상에서의 사랑의 실적만이 천계에 가지고 가는 자산이다.

이렇게 내 삶이 선과 이타적 사랑에 몰입하면 천계의 고급천사들이 내려와 돕는다. 악령들은 근처에도 얼씬 못한다.

시련에 감사하라

시련은 악령의 유혹일 수도 있고 하나님의 시험일 수도 있다. 시련을 두려워 말고 감사하라. 그리고 그 시련을 내가 하나님 앞에 가까이 가는 기회라고 환영해야 한다. 그렇게 하면 지옥의 악령이 총동원되어서 공격해 와도 당신은 난공불락이다.

제11장

모든 유아는 천국으로 간다

천사로 육성되는 아이들

역사 이래 태어난 지 얼마 되지 않아 사망한 아이는 엄청 많을 것이다. 부모라면 억장이 무너진다. 대개 유아가 죽으면 부모들은 그 아이를 가슴에 묻는다고 한다. 의학이 발달하기 전에는 수술분만이란 없었고, 따라서 태아 출생 시에 모자가 같이 사망하는 경우가 많았다. 이렇게 애처롭게 죽어간 유아들이 영계에서 어디로 가며 어떻게 되는가에 대해서는 누구도 속 시원하게 답해 주지 못했다.

그런데 이에 대해 스베덴보리는 명확한 답을 알려줬다. 그의 답은 아주 소망적이고 행복한 것이다. 유아를 잃은 지상의 부모들이 이 사실을 알게 된다면 이루 말할 수 없는 위안과 기쁨을 얻을 것이다.

일설에서는 기독교 가정에서 태어나 세례를 받은 유아는 천국에 받아들여지지만 그렇지 않은 유아는 지옥에 떨어진다는 말도 있었다. 스베덴보리는 이와 같은 주장에 대하여, 그것이 터무니없는 것임을 밝혔다. 세례는 신앙의 한 의식일 뿐, 천국과는 아무런 관계가 없다는 것이다.

우리가 먼저 알아두어야 할 것은, 태어난 모든 유아는 부모가 누구이든, 어디에서 태어났든 천국으로 간다는 사실이다. 신앙을 가진 부모에게서 태어났든 그렇지 못하든, 사망하는 순간 천국의 고급 천사들이 내려와 사랑으로 호위해서 일단 천국에 지어진 유아 생육시설로 데려간다.

그곳에서 모성애가 지극하며 땅 위에서 자녀를 양육해 본 여성천사가 모친의 자리에 서서 그 아기를 받아 기르기 시작한다. 그 여성천사를 교모(教母)라고 한다. 유아는 악의 그림자조차 없는 환경 속에서 여성천사의 아기가 되어 그 품 안에서 행복하게 자라나고 교육을 받는다.

유아들은 자기들이 영계에서 태어난 줄로 알고 땅 위의 어머니 품에서 자라듯 영적인 어머니와 깊은 사랑의 유대를 형성한다. 유아들은 땅에서 선도 악도 경험해 보지 못한 그야말로 눈과 같이 흰 천진무구의 상태 그대로 영계에 온다. 이 천진무구함이 최상의 천국의 상태이다.

하지만 모든 유아는 그 부모로부터 유전된 악을 가지고 태어난다. 그렇기 때문에 천국천사가 되기 위해서는 수련과 교육의 과정을 거쳐야만 한다. 부모로부터 유전된 악은 그 유아가 영계에서 자라면서 표출될 수 있다. 그러나 누구도 이것 때문에 벌을 받지는 않는다. 수련과 교육을 통해 유전된 악이 싹트기 전에 천국의 사랑으로 이끌어 하나님을 사랑하고 이웃을 사랑하는 인격으로 새로 창조해 나가는 것이다.

스베덴보리는 어느 나라 왕자의 예를 들었다. 그 유아는 자라나면서 남을 지배하려는 욕망을 가지고 태어났고 간음이 나쁜 것이 아니라는 생각을 가지고 있었다. 천국의 교육은 이럴 때 그 우수성이 나타난다. 아기의 잘못된 생각을 질책하는 대신 봉사의 기쁨과 순결을 중요시하는 천국천사의 가정에 보내어, 아기가 옳은 모델을 보고 느끼고 체험하도록 한다. 그는 천국가정의 사랑 속에 순결하게 자라면서 봉사하는 기쁨을 만끽하고는 본래의 유아공동체로 돌아왔다. 물론 그 어린 왕자는 천국천사가 되었다.

한마디로 천국의 완전한 교육 프로그램에 의해 교육되는 유아들은 고스란히 천국천사로 자라난다. 그리고 그 유아들은 자라면서 성격이 크게 둘로 나누어진다. 하나는 하나님과 주님의 사랑 가운데 무조건 순종하려는 천국적 천사형이고, 다른 하나는 매사를 이성(理性)으로 분석하고 이해하고 인식하여 믿음과 사랑에 이르는 영국적(靈國的) 천사형이다.

제1기 교육이 끝나면 다음 단계로 소년기 학교 교육으로 들어간다. 그리하여 그들이 15세에서 18세가 되면 단 한 명의 낙제생도 없이 천국천사의 자격을 갖추게 된다. 이성과 지혜를 갖춘 유아영이 15세 수준에 이르면 그들은 각각 천적왕국과 영적왕국으로 정착된다. 그때까지 그들의 영체는 청춘의 꽃같이 피어오르며, 원하는 사회공동체에 정착하면 대개 남자는 18세, 여자는 15세에서 이상적인 상대를 만나 주님께서 직접 주관하는 영원한 축복결혼을 하게 된다.

이렇게 유아 사망자는 천국에서 훌륭한 중견천사로 육성된다. 그들의 신체적 모습은 청춘의 절정에 왔을 때 그 상태에 머무르며 점점 더 아름다워진다.

스베덴보리가 만났던 천국에서 내려 보낸 한 쌍의 부부가 바로 이렇게 오래전에 유아로 영계에 와서 결혼을 하고 수천 년을 영생으로 살고 있는 부부이다. 보다 완성된 부부천사들은 항상

홍안의 소년소녀처럼 보이고 시간이 가면 갈수록 그 얼굴과 의상에서 광채를 더해간다.

예수께서 지상에 오시어 십자가의 고난을 이기시고 부활 승천한 지 2000여 년이 지났다. 그 기간 동안에 땅 위에서 얼마나 많은 유아들이 사망했는가. 그들이 모두 하나님과 주님의 특별 배려 하에 천국교육을 받고 모두 천국천사가 되어 있는 것이다. 스베덴보리는 최고 천국, 곧 제3천국의 대부분은 이 유아 출신 천사들이라고 했다.

그 최고 천국의 가장 높은 곳은 태고인들이 입성해 살고 있다고 한다. 태고인들의 시대에는 천계와 지상의 교류가 마치 한 세계와도 같았으며, 천국천사와 지상인들이 직접 대화하고 교류했고, 지상인들은 하늘이 이끄는 대로 살다가 승천했다.

그 태곳적 사람들이 천국의 가장 중심지역에 들어가 있으며, 그 다음으로 유아로 사망하여 승천한 사람들이 천국 인구의 많은 부분을 차지하고 있다 한다. 그동안 물론 많은 지상의 선한 사람들이 천국에 입적했지만, 시대가 점점 외적, 물질적, 과학적으로 흐르면서 천국의 입적자들은 점점 줄어들고 있다.

스베덴보리는 영계의 역사로 보면 태곳적 사람들의 시대가 황금시대였으며 그로부터 은(銀)의 시대로, 동(銅)의 시대로, 철

(鐵)의 시대로 그리고 말세인 오늘날에는 흙의 시대로 돌입해 있다고 했다.

이것은 천국으로 가는 사람의 수가 적어지는 시대적 상황을 설명해 주는 것이다. 그런데 인류문명은 그 반대로 흐르고 있다. 인류는 구석기, 신석기 시대부터 시작하여 청동기 시대 그리고 철의 시대, 이제는 디지털 시대라 하여 21세기 문명은 황금기를 구가하고 있다.

문명의 발전이라 칭하는 과학문명은 인간을 영적 면에서는 퇴보의 길을 걷게 했다. 모든 인류를 천국으로 영입하고 싶은 하나님의 시각으로 보면 이 세대가 점점 말세에 가까워지고 있는 것이다. 지금 우리는 물질로는 말할 수 없이 풍요로운데 반해 정신적으로는 극빈시대에 살고 있는 것이다.

지상이 과학과 물질문명의 발전으로 황금기를 구가할 때, 천국은 입적할 사람이 격감하는 흙의 시대로 떨어져 가고 있는 것이다. 지상에서는 점점 천국인을 보기 힘들게 되었다. 반면에 지옥은 문전성시를 이루고 있다. 천국과 지옥의 균형이 깨어질 때, 그때가 바로 말세이다.

하나님은 공평하시다. 하나님은 오로지 사랑과 자비로 인간과 영인을 다스린다. 그러나 땅 위에서 보면 어떤 때는 하나님이 안 계신 것 같고, 하나님이 불공평한 것처럼 느껴지는 때가 있다. 누가 보더라도 분명한 악인인데 크게 성공하고, 분명한 선인인데 희생을 당하는 경우이다. 이런 경우 하나님을 무력하거나 불공평한 분으로 여겨 하늘을 저주하기 일쑤이다. 그러나 영원이라는 차원에서 보면 하나님은 모두에게 공평하시다. 악은 반드시 그 대가를 치르고, 선은 반드시 그 대가를 받는다.

천국 가기는 생각보다 어렵지 않다

평범한 사람은 천국 근처에도 가지 못하는 것처럼 생각될 수도 있다. 천국 가기가 복권 당첨되기보다 어려운 것이 아닌가 하는 두려운 생각이 들 수도 있다. 하지만 그것은 속단이다. 천국은 평범한 사람들이 가는 곳이다. 무학(無學)하고 소박한 자들이 더 들어가기 쉬운 곳이다. 이런 사람들을 염려하여 스베덴보리는 다음과 같이 말했다.

"천국에 이르는 삶은 그렇게 어렵지 않다"

『천국과 지옥』 제55장 528~535절

스베덴보리의 이 말을 잘 이해하면 된다. 사람들은 보통 천국 가는 길을 다음과 같이 오해하고 있다. 인간이 천국에 가려면 세상을 버리고, 육적 욕정을 단념하고, 영적으로만 살아야 하는 것이 아닌가. 그러자면 재산이나 명예와 같은 세속적인 것을 모두 포기하고, 신이나 구원이나 영생만을 생각하고, 기도하고 명상의 날을 보내는 수도생활을 해야 하는 것이 아닌가.

스베덴보리는 그게 '아니다'라고 확고히 대답한다.

스베덴보리가 한번은 영계에서 대단히 화가 나 불만을 토로하고 있는 한 신참영인을 만났다. 그의 불평은 다음과 같았다.

"나는 세상을 사는 동안 속세를 버리고 입산하여 경건하게 명상만 하는 수도생활을 했습니다. 그것이 천국 가는 길이라고 믿었기 때문입니다. 그런데 영계에 와보니 나를 천국에서 쫓아내는 게 아닙니까?"

스베덴보리는 그에게 물었다.

"천국에서 뭐라고 하면서 당신을 쫓아냈습니까?"

그는 불만에 찬 목소리로 답했다.

"'당신은 이웃 사랑에 전혀 관심이 없고 평생을 이웃을 기피해 살았으니 어떻게 이웃을 사랑할 수가 있었겠습니까. 당신은 이웃 사랑의 의무를 회피한 사람입니다. 그리고 당신과 같이 살지 않는 사람들을 경멸하고, 당신 자신은 천국에 갈 수 있다고 호언장담했습니다. 당신은 세상을 오직 당신만을 위해서 산 사람입니다.'라고 하더군요."

그는 천국에 올라왔다가 쫓겨났다. 그는 다시 세상에서와 같이 고독하게 살고 있었다. 지옥에서 말이다. 인간이 천국에 가는 길은 수도원의 수도생활이 아니다. 그보다는 인간사회 속에서 두 발로 땅을 굳건히 디디고, 깊이 어울려 사는 건전한 사회생활이 우선이다.

이웃이 없는 곳에서 어떻게 이웃을 사랑할 수가 있을까. 생로병사가 있는 무리 속에 있을 때에 비로소 이웃 사랑을 실천할 수 있지 않겠는가. 천국에 가려면 우선 사회 속에서 열심히 봉사하고 정당한 대가를 지불받는 직장을 가져야 한다. 직장은 사회봉사와 이웃 사랑의 좋은 실천 장이기 때문이다.

다음은 건전한 가정을 가져야 한다. 가족은 가장 가까운 이웃이다. 가족 사랑도 없는 사람이 어찌 이웃을 사랑한다고 할 수 있을까. 그리고 하나님과 주님을 알지 못한다면 자기 양심대로 사는 것이다. 양심은 하나님께서 각자의 마음속에 파송해 놓은 '하나님의 사자'이다. 결국 우리 인간사회는 천국 가는 훌륭한 수련도장이다. 우리의 사회생활 속에 천국이 요구하는 참사랑의 인격을 갖출 수 있는 모든 기회가 있는 것이다.

스베덴보리는 이렇게 말했다.

"외적인 사회생활이 동반되지 않은 내면의 정신생활은 토대가 없는 집에 사는 것과 같으며, 그와 같은 집은 지반이 침몰해 가거나 땅이 갈라지면서 틈이 생겨, 언젠가는 기울어 쓰러질 수밖에 없을 것이다."

건전한 사회생활이 천국 가는 기초

인간의 지상생활에는 세 가지의 측면이 있다. 하나는 도덕적 생활이요, 하나는 시민생활이요, 또 하나는 영적생활이다.

천국 가는 길은 이 세 가지 생활을 균형 있게 살아가는 것이다. 사회에서 선량한 시민이 되려면 도덕적 생활과 시민생활은 필수적인 요소이다. 그리고 그 선량한 시민생활이 종교생활과 조화되고, 종교가 없는 사람은 자기 양심에 부끄러움이 없어야 한다.

여기서 가장 중요한 것은 사회생활에서 자기사랑과 세상사랑에 지배당하지 않도록 노력하는 것이다. 이것들은 모든 악의 근원이기 때문이다. 이것이 속세를 떠나는 것이다. 산중수도로 들어가는 것이 속세를 떠나는 것이 아니다.

작지만 쉬운 방법으로 우선 남을 위해서 하루에 꼭 한 가지씩 좋은 일을 하기로 결심해 보는 것이다. 좋은 일이라는 것은 거창한 것이 아니다. 목마른 자에게 물 한 잔 대접하는 것도 이웃사랑이다. 그리고 또 중요한 것은 자기의 직업에 충실하는 것이다. 내 직업을 천직으로 알고 봉사하는 마음으로 책임을 다하는 것이다.

스베덴보리는 다음과 같이 간곡한 부탁을 했다.

"천국에 들어갈 만한 합당한 생활은 생각하는 것만큼 어렵지 않다. 좋은 시민생활이나 건전한 도덕적 생활은 종교인이든 아니든 누구나가 가져야 하는 보편적 생활이다. 악인도 겉으로는 건전한 시민생활을 하는 것처럼 보일 수 있다. 그러나 선악을 결정하는 것은 그 동기가 어디에 있느냐에 있다. 그 동기가 순수한 양심에서 이웃을 돕는 데 있다면 이는 곧 선한 것이다. 반대로 그 동기가 자기사랑, 명예와 명성을 위한 것이라면 이는 결국 악한 것이다.

영적인 사람은 하나님의 법도를 중히 여겨 도덕을 지키는 것이요, 세속적 사람은 법과 사회 정의가 무서워 도덕을 지키는 것이다. 전자는 참사랑에 동기가 있고, 후자는 공포에 동기가 있다. 여기서 천국과 지옥의 길이 갈린다."

스베덴보리는 그의 유명한 저서 『천국과 지옥』 제359항에서 이렇게 말했다.

"부를 축적하고 좋은 음식을 먹으며 신분과 직업에 맞는 훌륭한 집에 살고 몸차림을 단정하게 하고 생활의 즐거움과 기쁨을 맛보며 직업을 위해 심신의 건강유지에 힘쓰면서 속세적인 일을 해도 아무 상관없다. 그저 마음속에 하나님을 품고(혹은 양심을 지키고) 사심 없이 이웃을 사랑하고 기쁨으로 베풀면 되는 것이다."

하늘의 법도는 공정하다. 천국은 어떤 특정한 부류의 전유물이 아니다. 천국은 태평양보다 넓은 무한대의 공간이다. 인류 모두가 자자손손 들어가도 넘치지 않는 곳이다. 건전한 사회생활, 건전한 가족사랑, 건전한 동포사랑, 건전한 나라사랑, 건전한 인류사랑, 이것을 합하면 이웃 사랑이요, 하나님 사랑이다. 다만 올바른 곳에 동기를 두면 된다.

우리의 지상 인생에 하나님(혹은 양심)이 중심이냐, 자기가 중심이냐가 천국과 지옥의 갈림길이다.

제12장

영생, 인생의 목표를 여기에 두어라

창조주는 왜 인간에게 자유의지를 허락했는가

왜 하나님은 인간에게 자유의지를 허락했을까. 자유의지가 아니었더라면 인간이 타락하는 일은 없었을 것이다. 따라서 지옥이 생겨날 이유도 없었다. 역사 이래 지옥에 간 수많은 영들을 생각할 때 그것이 과연 사랑과 자비의 하나님이 허락할 수 있는 일이었을까. 인간에게 자유의시를 줌으로써 하나님은 스스로 인간 타락의 역사와 슬픔을 자초한 것이 아니었을까. 그렇다면 이것은 하나님의 오산이었을까. 전지전능한 창조주 하나님께서 어떻게 이와 같은 오산을 할 수가 있을까. 역사를 두고 이에 대한 논

란은 끊이질 않았다.

　알베르 카뮈 같은 철학자는 이 문제가 풀리지 않으니까, "하나님은 없다." 하고 결국 무신론자가 되고 말았다. 전지전능한 하나님을 정당화하면 이 타락세계가 도저히 이해가 안 되고, 이 타락세계를 정당화하면 하나님은 안 계신 것이 분명하다는 결론이다. 전지전능한 하나님이 도저히 이와 같은 타락세계를 지었을 이유가 만무하다고 생각했던 것이다. 인간에게 자유의지를 줌으로써 하나님은 무력해 보였고, 심지어 니체는 "하나님은 죽었다."라고 말하는 지경에까지 이르렀다.

　인간에겐 자유의지가 있기 때문에 선과 악을 선택할 수 있다. 인간 조상이 그 자유의지를 하나님의 뜻과는 정반대 쪽으로 행사함으로 말미암아 인간 역사는 타락의 역사가 되었다. 그 이후 전쟁과 투쟁이 끊이지 않았고, 이루 말할 수 없는 혼란과 비극이 초래되었다. 그렇다면 이 모든 것이 과연 하나님의 오판일까. 정말 하나님은 무능력한 것일까. 아니면 니체의 말대로 하나님은 죽었을까.

　하나님은 오판한 것도 아니요, 무능력한 것도 아니며 더군다나 죽은 것도 아니다. 하나님은 전지전능하다. 하나님은 사랑 그 자체이다. 하나님은 그 사랑 때문에 세상을 창조하시고 인간을 지었다. 하나님의 창조 목적은 사랑의 구현이며 그 사랑을 통해 기쁨을 누리고자 하는 것이었다.

그 사랑이 참사랑이려면 그것은 자유의지에서 자발적으로 우러나오는 사랑이어야 한다. 강요된 사랑이 참사랑일 수 있을까. 강요된 사랑에서 기쁨을 누릴 수가 있을까. 아니다. 자발적으로 가슴에서 우러나온 사랑이 아니고선 참사랑일 수가 없다. 참사랑이 아니면 기쁨을 누릴 수 없다.

자유의지가 없는 인간은 기계나 로봇에 불과하다. 인간을 기계로 지어 놓고 그 기계로부터 기쁨을 기대할 수 있는가. 자발적인 사랑은 반드시 자유의지에서 나오는 사랑이어야 한다. 이 사랑에서만 기쁨이 흘러나온다. 자유의지가 없는데 어떻게 자발적일 수가 있을까.

하나님은 사랑이다. 그래서 사랑할 수 있는 인간을 지으시고 그 인간에게 무한한 사랑을 주고 인간으로부터 무한한 사랑을 받아 기쁨을 얻고자 했던 것이 하나님의 창조의 목적이었다. 그렇다면 인간에게 자유의지를 허락해야 했다. 하나님은 인간을 자기 형상대로 지으시기를 원했다. 그러자면 하나님이 자유하심과 같이 인간에게도 자유의지를 허락해야 했다. 그리하여 하나님은 인간을 하나님과 닮게 지으시고 아들과 딸로 지으신 것이다.

인간이 하나님과 같지 않으면 어찌 하나님의 자녀가 될 수 있을까. 그래서 하나님은 인간을 '자기 형상대로' 지으신 것이다. 하나님이 절대 자유이고 절대 책임자이니 인간에게도 절대 자유와 절대 책임을 같이 허락한 것이다. 자유의지가 없는 인간은 기계에 불과하다. 그런 기계를 지으시고 어찌 아들과 딸이라 할 수가 있을까.

스베덴보리에게 이것은 이론이 아니다. 천국에 가보니 하나님이 임재하셨고, 자유의지를 가진 천국인들은 자발적으로 우러나서 하나님을 사랑하고 하나님의 사랑을 받는 그릇이 되어 있었다. 그들에게는 절대 자유가 있고 절대 책임이 있었다. 천국이란 곧 자발적인 사랑과 기쁨이 넘쳐흐르는 세계요, 하나님과 천국천사들의 관계는 아버지와 아들딸의 관계였다.

천국이야말로 하나님의 창조 목적 곧 하나님의 사랑이 구현된 실재 사회인 것을 보고 돌아온 것이다.

하늘의 뜻이
땅 위에서 이루어지길

하나님이 하는 일을 인간이 다 알 수는 없다. 이는 마치 인간들이

유한한 척도를 가지고 하나님의 섭리를 재보려 하는 것과 같다.

태평양의 물 깊이를 30센티미터의 자로 재려한다면 그것이 가능한 일이겠는가. 하나님이 지으신 우주는 몇 천억 광년의 크기인지 인간은 짐작도 못한다. 하나님은 영원이라는 차원에서 섭리를 운행하신다. 그리고 인간이 반드시 자유의지로 하나님께 돌아오는 날을 계산하고 계신 것이다. 시간이 좀 걸릴지라도 말이다.

그리고 지금 하나님의 이상이 실현된 천국사회가 영계에 있다. 거기서 하나님은 창조본연의 기쁨을 누리고 있다. 그 이상사회를 스베덴보리는 보고 온 것이다.

이제는 천국의 묘포(苗圃)라 할 수 있는 이 지구상에 지상천국을 실현하면 되는 것이다. 영계의 인구는 모두 지구에서 올라간 사람들이다. 그렇기 때문에 이 지상을 천국화하여 여기서 타락 없는 천국인만 생산되는 날이 온다면 그때 하나님의 뜻은 이루어지는 것이 아니겠는가. 이 땅 위에 타락이 없는데 어떻게 지옥이 생기겠는가. 그래서 땅 위에 구세주를 보내신 것이다. 하늘의 뜻은 땅 위에서 이루어져야 한다.

"하늘에 계신 우리 아버지, 그 이름을 거룩하게 하옵시고, 나라에 임하옵시며, 뜻이 하늘에서 이룬 것 같이 땅 위에서도 이루어지이다."

'주기도문' 일부이다. 이 기도문대로 하나님의 뜻이 하늘에서 이루어진 것같이 지상에서도 이루어지기만 하면 되는 것이다. 그러나 하나님의 섭리는 반드시 인간의 자유의지를 동반한다. 그래서 2000년 전 예수께서 구세주로 오셨을 때도 인간의 자유의지를 인정하시고 가르치셨다.

"하나님이 세상을 이처럼 사랑하사 독생자를 주셨으니 이는 저를 믿는 자마다 멸망치 않고 영생을 얻게 하려 하심이라."
「요한복음」 3장 16장

구세주는 '저를 믿는 자마다'라고 함으로써 믿을 수도 있고 안 믿을 수도 있는 인간의 자유의지를 분명히 허락했다. 그리고 자유의지로 구세주를 믿는 자마다 천국에 데려가리라고 말한 것이요, 믿지 않으면 천국의 반대인 지옥으로 떨어질 것을 암시한 것이다. 절대 책임은 인간에게 주고 말이다.

구세주는 인류를 무조건 자비만으로 천국에 데려가겠다고 말하지 않았다. 믿는 자에게만 천국으로 가는 구원이 있음을 명백히 했다. 여기서 천국에 가고 지옥에 가는 것은 인간 자신의 선택임을 분명히 한 것이다. 뜻과 목숨과 마음을 다하여 주 하나님을 사랑하고 이웃을 자기 몸과 같이 사랑하는 실천자라야 천국에 갈 그릇이 된다.

하나님과 주님이 아무리 사랑과 자비의 하나님이요 자비의 주님이라 할지라도 그 사랑을 선택하지 않는 자를 천국에 보낼 수는 없다. 그것은 곧 하나님께서 자신의 법도를 짓밟으시는 것이 되기 때문이다.

하나님과 주님이 무자비하고 가혹해서 사람을 지옥에 떨어뜨리는 것이 아니다. 천국에 들어갈 자격을 갖추지 못했기 때문에 할 수 없이 그들 스스로 지옥으로 가는 것이다.

설사 하나님이 자비로 지옥영을 천국으로 데려간다 하더라도 지옥영은 그 천국을 감당하지 못한다. 천국의 사랑의 공기 속에서 지옥영은 곧 숨이 막혀 질식하고 만다. 마치 물고기를 땅 위로 올려놓는 것과 같다. 천국은 오라 해서 오고 가라 해서 갈 수 있는 곳이 아니다.

스베덴보리는 이 자유의지야말로 창조주가 인간에게 준 최고의 축복이라 했다. 자유의지가 없이는 땅 위에서나 하늘나라에서나 기쁨이 넘쳐흐르는 이상사회를 구현할 수 없는 것이다. 자유의지에서 나온 사랑이 아니면 그것은 사랑이 아니다. 인간에게 자유의지를 주느냐 주지 않느냐는 인간을 로봇으로 만드느냐 자녀로 만드느냐의 차이이다. 인간을 로봇으로 지으실 바에는 하나님은 창조의 역사를 이루지 않았을 것이다.

이것으로 하나님의 창조의 근본원리가 밝혀졌다. 이 근본원리를 알면 역사의 모든 의문점이 풀린다. 그리고 인간이 하나님의 뜻을 행하기 위해 땅 위에서 어떻게 살아야 하는가가 자명해진다. 우리의 자유의지가 천국행이 될 것이냐 지옥행이 될 것이냐를 결정한다.

스베덴보리는 말했다.

"나는 하나님의 창조의 근본원리를 영계에서 체험으로 배웠다. 사람이 죽으면 모든 것이 자명해지지만, 현명한 자는 죽기 전에 이 원리를 알고 자유의지를 지상 생애에서 옳게 행사하는 것이다."

자기 안에 천국을 지어라

흙탕물이 가득한 곳에서도 연꽃은 피어 올라온다. 하지만 그 연꽃에 오물이 묻어 나오던가. 연꽃에서 흐르는 아침 이슬방울은 수정처럼 맑다. 흙탕물 속에서 올라왔다고 탁한 냄새를 발산하지 않는다. 연꽃은 그 자태가 아름다운 것만큼이나 그윽한 향기를 풍긴다. 더러운 연못에 만발한 연꽃바다를 보고 있노라면, 탁한 우리 사회라는 연못에 얼마나 많은 천국인 후보자가 연꽃처럼 자라고 있는지를 생각하게 되어 마음이 든든해진다.

나는 지금 내 안에 천국을 짓고 있는가.

스베덴보리의 영계의 원칙에 입각하여 다음 몇 가지를 질문해 보겠다. 질문 하나 하나를 명상해 보자. 스스로에게 질문해보자.

첫째, 나는 창조주 하나님을 인정하고 있는가? 나아가 하나님을 사랑한다고 말할 수 있는가?

둘째, 내 이웃을 내 몸과 같이 사랑하고 있는가? 남의 기쁨을 내 기쁨으로 기뻐해 줄 수 있는가?

셋째, 나는 내 양심을 인정하는가? 그리고 나는 양심적으로 생활해왔는가?

넷째, 내 마음이 가을 하늘처럼 푸르고 맑은가? 나는 원수를 용서했는가?

다섯째, 가정에서 부부간에 사랑으로 대하는가?

여섯째, 나는 유사시 내가 사랑하는 사람이나 나라를 위해서 생명을 바칠 수 있는가?

일곱째, 나는 범사에 감사하고 마음속에 항상 평화가 자리하고 있는가?

위 일곱 가지 질문에 대한 대답이 모두 긍정적이라면 당신은 마음속에 천국을 짓고 있는 것이다. 당신은 천국 가는 길을 똑바로 가고 있는 중이다.

이젠 다음 반대의 일곱 가지 질문을 명상해 보자.

첫째, 나는 하나님을 부인하는가? 그렇다면 나의 하나님은 누구인가? 과학인가? 지식인가? 권력인가? 돈인가? 명예인가?

둘째, 내 행동의 모든 동기는 '자기사랑' 곧 나를 위하는 데서 나오는가? 남이 잘되는 것을 시기하는가?

셋째, 나는 나에게 유익하다면, 그리고 법이 무섭지 않다면 무엇이든지 할 수 있는가?

넷째, 나는 누구를 미워하고 저주하며 꼭 복수해야겠다는 마음이 있는가?

다섯째, 나는 간음을 죄로 생각지 않는가?

여섯째, 나는 나에게 이롭지 않은 일에는 일절 참여하고 싶은 생각이 없는가?

일곱째, 나는 불만과 불평에 가득 차 있는가? 내 잘못은 모두 다른 사람 때문이라고 생각하는가?

위 일곱 가지 질문에 당신의 대답이 긍정적이라면 당신은 마음속에 지옥을 짓고 있다. 알면 바꿀 수 있다. 그 방법이 회개요, 거듭남이다.

위의 열네 가지 질문에 대해 정직하게 명상해 보면, 내 안에 천국이 지어지고 있는지 지옥이 지어지고 있는지가 명백해진다.

아는 것은 힘이다. 아는 것은 자기 인격혁명의 출발이다.

스베덴보리의 여섯 가지 권고

다음 여섯 가지 권고는 스베덴보리가 그의 '영계저술'을 통해 거듭 강조하고 있는 원칙이다. 이것이야말로 스베덴보리가 선물한 영생의 비밀을 알고 천국으로 가는 방법일 것이다.

첫째, 창조주 하나님을 사랑하라

하나님을 믿고 사랑하는 것은 하늘 가는 첫 번째 대원칙이다. 하나님을 사랑하는 것은 매일 철야 기도를 하고 24시간 성경을 읽으며 하루 종일 하나님께 용서를 비는 일이 아니다. 이런 것을 보고 스베덴보리는 말한다. 이것은 꼭 인삼 녹용만 먹고 장수하려는 사람과 같다고…….

하나님을 믿고 사랑하는 것은 하나님을 아버지로서 가깝게 느끼는 것이다. 내가 무엇을 하든지 내 안에 하나님을 모시고 있다는 기쁨 속에 사는 것이다. 나를 낳아 주신 부모님께 호의호식을 시켜드리는 것만이 효도가 아니다. 그것보다 더 중요한 것은 부모님이 원하는 것을 알아 그 뜻을 이루어드리는 것이다. 하나님께 효도하는 것도 똑같다. 하나님 아버지의 뜻을 알고 그 뜻을 이루어 드리는 것이다.

둘째, 네 이웃을 네 몸과 같이 사랑하라

이웃 사랑은 행동하는 사랑이다. 이것은 사랑의 실천이며, 이것 없이는 신앙이 있다 해도 백지에 불과하다. 이웃 사랑은 가까운 곳에서부터 시작하는 것이다. 우선 내 아내와 남편, 그리고 자식을 사랑해야 한다. 그러나 그 사랑이 거기에서 그친다면 이것은 자기사랑이다. 가족부터 사랑하라는 것은 가족도 사랑하지 못하고 가정에 불화를 안고 있으면서 인류를 사랑한다는 것은 위선이기 때문이다.

가족과 함께 이웃 사랑에 나서는 것이다. 가족이 모두 함께 이웃을 내 몸과 같이 사랑하는 것이다. 모두가 내 이웃이다. 우리 동네, 우리 사회, 우리 학교, 우리 교회, 우리나라, 세계인류, 모두가 우리 이웃이다.

단, 스베덴보리의 경고가 하나 있다. 이웃 사랑이라 해서 무작위로, 닥치는 대로 베풀고 사랑하는 것이 이웃 사랑이 아니라는 것이다. 우리 사회에는 선도 있지만 악도 있다. 강도에게 칼을 주는 것은 선이 아니다. 나의 이웃 사랑의 목적이 선해야 한다. 그 말은 이웃 사랑은 선을 분별하여 사랑한다는 것이다.

"한 사람의 기쁨이 만인의 기쁨, 만인의 기쁨이 한 사람의 기쁨!"

이것이 이웃 사랑의 대원칙이다. 부모는 자식이 잘되는 것을 보면 내 일과 같이 기쁘다. 형제나 절친한 친구가 좋은 일을 하면 함께 기쁘다. '네 이웃을 네 몸과 같이 사랑하라'는 주님의 말씀은 사랑의 극치를 말한다. 이것은 곧 나의 모든 이웃이 내 아내처럼, 남편처럼, 자식처럼 느껴지도록 내 사랑의 폭을 넓히는 것이다.

'나는 너요 너는 나이며, 내 기쁨은 네 기쁨이요 네 기쁨은 내 기쁨이고, 네 슬픔도 나의 슬픔이 되는 무아(無我)의 사랑'이 가능하다.

세계의 모든 종교가 이와 같은 사랑을 표방하고 있다. 그리하여 궁극에 가서는 이웃을 위해 내 생명까지 내어 던지는 경지에 갈 수 있는 것이다.

셋째, 매사에 양심을 지켜라.

세상에는 산간벽지, 오지 중의 오지에 사는 미개인들이나 원주민들이 많다. 그곳에는 아직도 하나님의 복음이 미치지 못하고 있다. 스베덴보리는 분명히 말한다. 그들이 하나님을 모르는 것은 그들의 책임이 아니라고. 천국에 가보면 그런 미개인이나 원주민도 많이 천국에 들어와 있다고.

창조주 하나님은 인간이 어떤 환경 속에 살든지 그들 모두에게 천국으로 갈 수 있는 길을 만들어 놓았다. 그 길은 양심에 따라 사는 것이다. 양심은 하나님의 사자(使者)요, 하나님이 파송한 대신자(代身者)이다.

또 세계의 많은 종교는 간접적으로 창조주 하나님을 가르치고 그 사랑을 실천한다. 불교의 자비가 기독교의 사랑과 무엇이 다른가. 석가여래께서 가르치신 번뇌를 극복하고 무아의 경지에

도달하는, 대오각성(大惡覺醒)하는 경지가 기독교의 자기사랑을 극복하고 이웃 사랑하는 것과 무엇이 다르겠는가.

2005년 9월 11일에 입적한 불교 조계종 법장(法長)스님이 남긴 마지막 글에 '나에게 바랑이 하나 있는데(我有一鉢囊), 담아도 담아도 넘치지 않고(受受而不濫), 주어도 주어도 비지 않는다(出出而不空)'라는 말이 있다.

이 말대로 스님은 평생을 '주어도 주어도 비지 않는' 사랑과 나눔을 실천하고 떠났다. 그는 불교계에 장기기증운동의 불을 지피는 데 애쓴 분이었다. 손수 모범을 보이기 위해 생전에 시신을 동국대 일산병원에 기증하고, 불교계에서 처음으로 다비식 없이 장례를 치렀다. 이것이 천국 가는 사랑이 아니고 무엇이겠는가.

천국은 어떤 특정한 종교의 전유물이 아니다. 천국은 전 인류를 위해 지어졌고, 하나님은 누구나 천국에 갈 수 있는 길을 공평하게 제시해 놓았다. 하나님은 만 인류의 아버지시요, 예수 그리스도는 만 인류의 구세주이시다.

천국에 가면 무슨 종교를 믿다가 왔느냐고 묻지 않는다. 얼마나 이웃을 사랑하다 왔느냐, 그 사랑의 저금통장만 가지고 가는 곳이다.

넷째, 남을 심판하지 말라

사람이 사람을 심판할 수 없다. 스베덴보리는 인간이 인간을 정죄하는 것에 대해 명확한 계시를 받았다. 중간영계에서 거치는 제1단계, 제2단계가 있는데, 그 중 제2단계는 신참영이 완전히 자기 내부를 드러내어 지상생활의 진면목이 나타나는 단계라 했다. 여기에서는 악령으로 규정되어 지옥행이 거의 확실시 되더라도 그 악령 가운데 티끌만한 선이 남아 있다면 그는 즉각 지옥에 가지 않고, 그 미세한 선이 완전히 소멸될 때까지 유예기간을 둔다 했다.

지옥에서는 악령은 완전히 악령으로 숙성되어야 하고, 선영은 또 자기 안에 있는 티끌만한 악의 요소 하나라도 완전히 소멸된 후에야 천계에 들어간다. 이는 하나님이 완전한 선과 사랑의 본체이신 것을 증명한다. 지상에서 하나님이 천재지변 등으로 인간을 무차별 심판하지 않는 것은 악인과 더불어 선인도 다칠 수 있기 때문이다.

그래서 사람이 사람을 심판하지 말라 한 것이다. 인간이 인간을 심판하면 그 사람 안에 있는 악만 심판하는 것이 아니라 그 안에 있는 선까지도 심판하게 되기 때문이다. 선으로 숙성하면 그 결과는 순수한 진리요, 사랑이요, 선이다. 악으로 숙성하면 그 결과는 허위요, 증오요, 복수심이다.

그럼 인간이 인간을 심판하지 않는 방법은 무엇일까. 그것은 용서이다. 사람의 잘못과 실수를 기억하지 않는 것이다. 그래서 사랑의 동의어는 '용서'이다. 성서에 주께서 원수까지 사랑하라 한 것이요, 사랑에 앞서 용서가 선행되어야 한다고 한 것이다. 천국인의 마음은 가을하늘 같이 맑다. 그 마음속엔 선과 사랑 이외에 티끌만큼도 누구를 미워하는 마음이 없다.

'사람이 사람을 심판하지 말고 심판은 하나님께 맡겨라'라는 말이 있다. 그러나 사실은 이것도 틀린 말이다. 하나님도 심판하지 않는다. 결국 심판하는 자는 자기 자신이다. 자기 자신이 지상에서의 삶을 끝마칠 때에 자신을 심판하는 것이다. 그날이 바로 영계에 가는 임종의 날이다.

스베덴보리는 이 점을 강조했다. 오직 자비와 선, 사랑과 진리의 본체이신 하나님은 누구도 심판하지 않는다. 구약성서에 하늘이 분노하시고 노여워하신다는 심판이 많이 언급된 것은, 구약에서는 하나님의 이미지가 '경외하는 하나님, 만군(萬軍)의 여호와'로 묘사됐기 때문이다. 구약시대는 지적 수준으로 보면 유아시대, 소년시대와 같이 어리므로 하나님은 두려움의 대상으로 나타날 수밖에 없었다. 마치 부모가 어린아이에게는 회초리를 들지만 아이가 성숙하면 그럴 필요가 없는 것과 같다.

그래서 신약성서에서는 사랑의 하나님으로 나타나신 것이다. 인류가 청년기, 장년기에 이르렀기 때문이다. 신약성서에 해와 달이 어두워지고 별이 떨어진다고 한 것은 그 말씀에 상징되는 영적인 뜻이 있는 것이다. 천재지변으로 말세에 세상을 심판한다는 뜻이 아니다.

스베덴보리는 성서에는 문자 그대로의 의미와 그 문자가 의미하는 영적인 의미가 있다 했다. 지상인간은 문자 그대로의 의미를 읽고, 천계에서는 문자의 영적인 의미를 읽는다 했다. 스베덴보리는 『천계의 비의(秘義)』라는 저서에서 구약성서의 영적인 의미를 모두 해석해 놓았다. 천계에 들어가는 미덕은 사랑과 용서이다.

이 용서에 관해서 불교에는 아주 심오한 가르침이 있다.

"저 원수를 보되 부모와 같이 섬겨라."

이것은 『원각경(圓覺經)』에 나오는 말이다. 이 가르침은 상식적으로 생각하면 이해가 잘 안 되는 말이다.

'아니 어떻게 원수를 부모와 같이 섬겨! 도대체 말이 안 돼.'

그런데 여기에 불교의 심오한 가르침이 있다. 상대를 용서한다는 것은 '나는 잘하고 너는 잘못했다. 그러니 잘한 내가 잘못한

너를 용서한다'는 뜻인데, 그것은 상대를 근본적으로 무시하고 하는 말이다. 불교의 근본진리 가운데 '일체 중생이 모두 불성을 가지고 있다(一切衆生皆有佛性)'는 가르침이 있다. 그래서 불교에서는 연화대 위에 앉아 계신 부처님이나 죄를 많이 지어 지옥에 있는 중생이나 자성자리가 실상은 똑같다는 것이다.

부처님은 이 세상을 구원하러 온 분이 아니요, 이 세상이 본래 구원되어 있음을 가르쳐 주러 온 것이다. 이 말은 모든 중생이 모두 부처인데 다만 세상 번뇌 때문에 그 명경과 같은 불성에 먼지가 끼어 보이지 않을 뿐이라는 것이다. 그래서 아무리 죄 많은 나쁜 사람이라도 세속적 의미의 '용서'란 있을 수 없다고 가르친다. 인간이 인간을 용서할 수는 없다는 것이다. 그래서 불교에서는 용서란 말이 없다. 이 말은 퇴옹당 성철스님의 가르침이다. 이 가르침은 스베덴보리가 증거하는 하나님의 자비와 천계의 법도의 정곡을 찌른 것이다.

다섯째, 자기 생명까지 희생하는 사랑은 사랑의 극치이다.

요한복음 15장 13절에 "사람이 친구를 위해 자기 목숨을 버리면 이보다 더 큰 사랑이 없나니"라는 말이 있다. 다른 사람을 위해 목숨까지 희생한다는 것은 이웃 사랑의 극치이다.

이 이상으로 하나님 사랑, 이웃 사랑을 더 잘 실천할 수는 없다. 땅 위에서 조국이 위기에 처했을 때, 나라를 구하기 위해 용감하게 싸우다가 생명을 바치는 행위는 애국의 극치요, 이는 천국에서도 높이 평가된다. 왜냐하면 인간이 영계에 오면 하나님의 천국이 인류의 영원한 조국이 된다. 그러면 바로 그와 같은 애국심은 영원한 조국을 위하여도 발휘될 것이기 때문이다.

이웃 사랑은 보다 큰 대상을 위할수록 그 가치가 더한다. 개인보다는 사회, 사회보다는 민족, 민족보다는 국가, 국가보다는 세계를 위하는 이웃 사랑이 더 가치가 있다.

사랑이 있는 부부는 상대가 고통을 겪는 것을 보면 대신 아파 주고 싶어 한다. 물에 빠진 아내를 구하기 위해 자기가 죽는 한이 있더라도 뛰어든다. 부모가 자식을 놓고도 이 사랑의 극치가 발휘된다. 이 사랑은 숭고한 사랑이며 순수한 하늘의 사랑이다. 이와 같은 사랑이 자기보다 큰 대상, 예를 들면 사회나 국가나 세계인류를 위해 발휘될 때 이것을 순직(殉職)이라 하며, 순교(殉敎)라 하며, 순국(殉國)이라 하며, 순세(殉世)라 한다.

지상에서도 그 숭고한 사랑의 행위를 기리기 위해 동상을 세운다. 그러나 그 동상보다 더 놀라운 보상과 기쁨은 천국에 있다.

여섯째, 마음에 참 평화를 확인하라

참 평화는 믿는 것이 있을 때 온다. 참 평화는 죽음도 두렵지 아니할 때 온다. 평화는 순결을 지키며 사랑하는 사람이 있을 때 온다. 참 평화는 진리를 알았을 때 온다.

스베덴보리의 영계저술을 읽고 죽기를 두려워하지 않았던 삼중 장애인 헬렌 켈러는 참 평화를 찾았다. 우리 모두 그 참 평화를 찾을 수 있기를 바란다.

과연 영생은 거기 있었다.
다음은 스베덴보리의 영생에 대한 직접 인용입니다.

"천국에 있는 사람은 인생의 봄을 향하여 쉬지 않고 부단히 전진하고 있다. 수천 년이라는 세월을 살아갈수록 점점 더 젊어지고 그것이 영원히 지속된다. 그 행복은 그 사람의 사랑과 신앙의 진보에 따라서 더욱 증폭되고 풍성해진다.

지상에서 장수하여 말년에 이르러 노쇠하여 사망한 한 노파가 있었는데, 그녀는 지상에서 하나님에 대한 굳건한 신앙 속에 이웃을 사랑하고 남편과 행복한 부부의 사랑으로 살다가 천국으로 오게 되었다. 노파는 천국에서의 연륜이 더할수록 꽃과 같은 젊음과 아름다움을 되찾았으며, 시간이 가면 갈수록 우리가 상상할 수도 없는 아름다움의 극치로 돌아갔다.

이웃을 사랑하는 선량한 마음은 아름다운 청춘으로 환원되는 원동력이다. 이상을 한마디로 표현하면 '천국에서 나이를 먹는다는 것은 곧 청춘으로 환원한다는 것'이다."

『천국과 지옥』 제42장 414절

많은 사람들이 이 책을 읽기 시작했을 때까지만 해도 '과연 그럴까?' 하고 의심했을 것입니다. 그러나 이제 이 책을 끝까지 읽은 상황에서 어떠한 마음의 변화가 일어났을 것입니다.

이 책을 읽은 독자들은 스베덴보리의 말대로 다음 세 가지의 반응 중에 어느 하나를 일으킵니다.

첫째, 정보를 얻는 차원에서 재미로 가볍게 읽었다 하는 사람.

둘째, "이런 황당무계한 소리가 어디 있어." 처음부터 자신이 가진 지식과 자존심 때문에 또는 자신이 견지하는 종교의 고정관념 때문에 비판하고 꼬집기 위해서 읽는 사람.

셋째, 책을 접하는 즉시 어떤 신비한 힘에 끌려 이 책이 다만 지식의 전달만이 아니고 자기의 생명과 영생에 관계가 있음을 알고 한 줄 한 줄을 영혼 속에 각인하면서 진리를 찾는 기쁨과 감동 속에 읽고 또 읽는 사람.

여러분은 위의 세 항 중 어디에 속하시나요.

스베덴보리의 위대한 점은 그의 모든 진술이 하나 같이 우주적 가치를 가지고 있다는 것입니다. 이것은 누구에게나 다 필요한 진리입니다. 왜냐하면 사람은 누구나 한 번은 죽어야 하니까요.

이 책은 종교가 있는 사람이 읽으면 더욱 이해가 빠를 것입니다. 그리고 자기가 가지고 있는 종교에 대한 이해도 한 차원 더 높아질 것입니다.

종교가 없는 사람도 이 책을 읽을 때 무리 없이 이해할 수 있습니다. 다만 전혀 생각지도 못했던 새로운 경지의 정보에 충격을 받을 것입니다. 피땀 흘려 열심히 사는 사람이 이 책을 읽으면, 이 지상세계에서의 행복 추구와 병행하여 한 차원 더 높은 진짜 행복이 있다는 것을 깨닫고 이 진리를 사랑하는 가족과 같이 누리려고 할 것입니다.

변화는 보이지 않습니다. 그러나 사실은 진짜 중요한 변화가 여러분 마음속에 일어나고 있습니다. 그 변화는 천천히 일어납니다. 그러나 가장 확실한 변화가 일어나고 있는 것입니다. 지금 병원에 누워 임종을 기다리는 환자가 이 책을 읽는다면 아마 상상하기 어려운 마음속의 평화와 기쁨을 느낄 것입니다. 새로운 소망과 기쁨이 싹트고 다가오는 임종이 두렵지 않게 될 것입니다. 사후세계에 영생이 기다리고 있음을 확인한다면, 이보다 더 귀한 선물이 어디 있겠습니까. 이 책의 제목 그대로 '위대한 선물'입니다.

스베덴보리는 과학자였습니다. 그는 과학을 연구하듯 영계를 연구했습니다. 그래서 그의 증언은 어느 영능자가 한번 신비한 영적체험을 하고 말하는 내용과는 차원이 다릅니다. 그는 영계를 과학자의 눈으로 보고 과학자의 머리와 전문성으로 분석했습니다. 그와 같은 연구가 27년이나 계속되었습니다.

스베덴보리의 증언이 가장 가치 있는 것은 그의 증언이 체험에서 왔다는 사실 때문입니다. 사물을 연구하는 데 가장 확실한 것은 체험에서 얻은 깨달음입니다. 자기가 보고 듣고 만나보고 만져 보는 이상으로 확실한 것이 어디 있겠습니까.

스베덴보리의 인류를 위한 가장 큰 공헌은, 죽음이 인생의 끝이 아니며 죽음 이후에 더 큰 생애가 있고, 그 사후에 오는 생애가 진짜 삶이라는 증언입니다. 그러므로 스베덴보리는 인간이 꼭 맞이해야 할 죽음에 대한 공포를 해결해 주었습니다. 이보다 더 큰 공헌이 어디 있겠습니까. 스베덴보리는 우리 인생의 가장 큰 문제를 해결해 준 분입니다.

스베덴보리는 예수님과 석가여래가 가르친 천국이나 극락이 상상의 세계가 아니라 이 지상보다도 더 선명하게 현실로 거기 있음을 보여주었습니다. 예수께서나 석가께서 믿으라 한 그 세계가 실지 거기 있음을 우리에게 보여준 것입니다. 이는 기독교의 성서가 진리요, 불교의 불경이 진리의 가르침임을 증거해 준 것입니다.

헬렌 켈러 여사는 『나의 종교』라는 그녀의 유명한 저서에서 '나는 스베덴보리의 저서를 읽고 완전히 죽음의 공포를 해결했다'라고 했습니다. 그날부터 그녀는 행복하고 보람 있는 삶으로 인류에 공헌하다가 승천했습니다.

스베덴보리의 또 하나의 중요한 공헌은 지상인간으로 하여금 우선 하늘을 쳐다보고 깨닫게 만들고, 그 다음엔 땅을 바라보고 실천하게 만든다는 것입니다. 영생이나 천국을 얻는 길이 하늘에 있는 것이 아니고, 땅 위에 있음을 확고히 증거했기 때문입니다. 진리는 하늘에 있고, 실천은 땅에 있습니다. 천국은 인생의 목표요, 경기장은 여기 지상인 것입니다. 건전하고 경건한 지상생활이 천국 가는 길임을 명명백백하게 증거하고 있기 때문입니다.

스베덴보리는 하나님은 인류의 하나님이요, 구세주는 인류의 구세주로 온 것이라 가르칩니다. 그리고 그는 어느 누구도 지옥에 보내지기 위해 태어난 사람은 없다고 증거합니다. 그는 염세주의자를 만들거나 입산 수도자를 만들지도 않습니다. 오히려 두 발로 이 땅을 든든히 디디고 건전한 사회생활을 하는 것이 천국 가는 길이라 가르칩니다.

그는 건전한 사회생활의 3대 요소인 건전한 시민생활, 건전한 도덕생활, 경건한 영적생활을 균형 있게 살라고 가르칩니다. 선과 악이 혼합되어 탁류로 흐르는 이 사회야말로 천국 가는 요소를 충족시켜 주는 가장 훌륭한 훈련의 도장임을 증거하고 있습니다. 이 속세의 세파 속에서 피하지 말고 열심히 살라고 가르칩니다.

"이웃 사랑을 하려면 이웃이 많은 사회 속에 들어가 살아야지 어디를 가겠느냐."라고 오히려 반문합니다.

이 책을 편역하며 삼은 목표는 오직 한 가지, 이 책을 통해 스베덴보리가 수많은 인류에게 베풀었던 그 혜택을 우리 한국사회에서도 만끽할 수 있도록 하자는 것입니다. 많은 사람들이 스베덴보리가 남긴 영계의 증언을 접하면서 자신들이 믿었던 원리 원칙이 옳았음을, 인생을 보람 있게 살아왔음을 깨닫고 기뻐하길 바랍니다. 동시에 이 책이 종교인, 비종교인을 막론하고 큰 감명과 영감과 소망을 줄 수 있기를 바랍니다.

특히 아직은 때 묻지 않은 감성을 지닌 어린이나 한창 감수성이 예민한 청소년들이 이 책을 접하게 된다면 분명 그들의 심성에 큰 변화가 오리라 믿습니다. 그들은 앞으로 인생을 선하게 살아야 하고, 또한 이웃 사랑을 실천하기 위해 어떻게 살아야 할 것인가를 깨닫게 될 것입니다. 물론 누차 강조해 온 대로 무책임한 자살 따위는 하지 않을 것이고요.

이런 측면으로 본다면, 내가 사랑하는 자녀나 이웃을 위해 스베덴보리가 남긴 이 『위대한 선물』을 한 권 전하는 것은 이 세상 그 어떤 선물보다도 값지고 보람 있는 일이 될 것입니다. 이 한 권의 책으로 인해 어둠의 구렁텅이로 빠지려던 한 사람의 영혼을 구할 수 있다면…….

스베덴보리의 위대한 선물

초판 1쇄 발행 2009년 2월 5일
초판 85쇄 발행 2025년 10월 31일

지은이 스베덴보리
편 역 스베덴보리연구회
펴낸이 김선식

부사장 김은영
콘텐츠사업4팀장 임소연 **콘텐츠사업4팀** 박윤아, 김민경, 옥다애, 최유진
마케팅사업2팀 오서영 **홍보2팀** 정세림, 고나연
미디어홍보본부장 정명찬
브랜드홍보팀 오수미, 서가을, 박장미, 박주현 **영상홍보팀** 이수인, 염아라, 이지연, 노경은
저작권팀 성민경, 이슬, 윤제희 **편집관리팀** 조세현, 김호주, 백설희
재무관리팀 하미선, 임혜정, 이슬기, 김주영, 오지수
인사총무팀 강미숙, 김혜진, 이정환, 황종원
제작관리팀 이소현, 김소영, 김진경, 유미애, 이지우, 황인우
물류관리팀 김형기, 김선진, 주정훈, 양문현, 채원석, 박재연, 이준희, 문명식

펴낸곳 다산북스 **출판등록** 2005년 12월 23일 제313-2005-00277호
주소 경기도 파주시 회동길 490 다산북스 파주사옥 3층
전화 02-704-1724 **팩스** 02-703-2219 **이메일** dasanbooks@dasanbooks.com
홈페이지 www.dasanbooks.com **블로그** blog.naver.com/dasan_books
종이 신승INC **인쇄** 상지사 **코팅 및 후가공** 평창피엔지 **제본** 상지사

ISBN 978-89-93285-82-6 (03200)

• 책값은 뒤표지에 있습니다.
• 파본은 본사와 구입하신 서점에서 교환해드립니다.
• 이 책은 저작권법에 의하여 보호를 받는 저작물이므로 무단 전재와 복제를 금합니다.

다산북스(DASANBOOKS)는 독자 여러분의 책에 관한 아이디어와 원고 투고를 기쁜 마음으로 기다리고 있습니다. 책 출간을 원하는 아이디어가 있으신 분은 다산북스 홈페이지 '원고투고'란으로 간단한 개요와 취지, 연락처 등을 보내주세요. 머뭇거리지 말고 문을 두드리세요.